듣도 보도 못한 정치

더 나은 민주주의를 위한
시민의 유쾌한 실험

이진순 외 지음

문학동네

2부

디지털 민주주의,
상상에서 현실로

OK

서문 | 민주주의를 민주화하기 🔍

> 권력은 더러워, 만지지 마! ∨

권력이란 본질적으로 선하거나 악한 것이 아니다. 불이나 물처럼 그냥 존재할 뿐이다. 중요한 것은 권력을 이해하고 그것을 민주화하는 것이다.

— 미국 시민대학 창립자 에릭 류Eric Liu[1]

    사람들은 '권력'을 증오하고 두려워하며 기피합니다. 권력은 무자비하고, 비열하며, 비정한 것이라고 생각합니다. 그래서 권력 앞에서 한없이 무력하고 비루해지지만, 돌아서면 권력에 침을 뱉고 혐오합니다. 권력은 '갖고 싶은 것'이면서 동시에 '사악한 것'이어서, 그것에 무관심할수록 선량하며 순수한 사람일 거라고 여기기도 합니다. 권력은 영혼을 타락시키는 선악과 같은 것이어서 함부로 손을 대거나 가까이해서는 안 된다는 믿음이 널리 퍼져 있습니다.

그러나 우리가 사는 세상에, 권력의 공백 지대는 존재하지 않습니다. 권력은 공기나 물처럼 도처에 존재하고 모든 인간관계에서 발생합니다.[2] 부모와 자식 사이, 부부나 연인 사이, 친구 사이, 직장 동료 사이에도 권력은 존재합니다. 에릭 류가 말했듯이 권력은 그 자체로 선하거나 악하지 않습니다. 불이나 물이 그 자체로 선하거나 악한 것이 아니듯 말이죠. 권력을 어떻게 형성하고 어떻게 배분하고 어떻게 순환시키느냐에 따라 독재가 될 수도 있고 민주주의가 될 수도 있습니다.

정치란 권력을 어떻게 배분하고 유통할지 결정하는 메커니즘입니다. 혈액이 한곳에 쏠리면 병이 나고 재화가 한곳에 집중되면 사회적 갈등을 야기하듯이, 권력이 지나치게 팽창하는 곳에는 적절한 통제를 가하고, 권력에서 소외된 곳에는 주체적 역량을 키울 수 있도록 권력을 나눠줘야 합니다. 권력이 위에서 아래로만 흐르는 것이 아니라, 아래에서 위로, 좌우 양방향으로도 조화롭게 순환해야, 사회의 아픈 곳을 치료하고 뭉친 곳을 풀어주며, 온기가 부족한 곳은 데워서 풍요로운 사회를 만들 수 있습니다.

오랫동안 우리 사회에서 통용되어온 논리는 "정치는 정치인에게 맡기고 국민은 생업에 종사하라"는 것이었습니다. 종교인이 시국행사에 참여하거나 연예인이 정치적 발언을 할 때도 소위 유력 인사들이나 언론인들이 한결같이 내세운 논리는 "정치는 정치인에게 맡기라"는 것이었습니다. 누구든 통치자들이 설정한 금도를 넘어서면 자신의 본분을 망각한 불순분자, 깜냥도 모르는 허세덩어리로 낙인찍힙니다. '폴리페서' '폴리테이너' '정치충' 같은 용어들이 이런 맥락에서 나온 것입니다.

"권력의 운용을 정치인에게 일임하라"는 논리는 독재자와 특권층의 단골 레퍼토리입니다. 1971년 박정희 대통령이 대학에 강제로 휴교령을 내리고 군사력을 투입하며 위수령을 선포했을 때, 양찬우 당시 국회 문공위원장이 동아일보에 기고했던 글에도 이런 논리가 절대적 진리처럼 통용되고 있습니다.

불행한 사태 수습에 협조를

학원의 질서 확립을 위한 박대통령의 특별명령은 학원의 정상화와 사회질서를 회복하고 전체 국민생활을 안정시키는 데 있어서 필요한 조치라고 하지 않을 수 없다. (⋯) 대의민주정치를 하는 나라에서는 일단 국민의 대표를 뽑아서 정치를 위임한 이상 현실적인 정치 문제는 현역 정치인에게 맡기고 학생들은 내일의 이 나라의 운명을 담당하는 주인공으로서 오직 실력 양성에 노력하여야 한다.

—1971. 10. 19. 동아일보

'진료는 의사에게, 약은 약사에게' 맡기듯 '정치는 정치인에게 맡기고' 학생들은 '그저 공부만 하라'는 얘기입니다. 오늘날 적잖은 시민들이 정치를 기피와 무관심의 대상으로 여기게 된 것도 이런 지배층의 담론이 오랜 세월 내면화한 결과라고 볼 수 있습니다. 권력은 위험한 것이어서 '폭발물 관리 자격'을 부여받은 소수 엘리트나 행정관료만이 다룰 수 있으니, 투표로 권력을 위임한 국민은 더이상 왈가왈부 떠들지 말라는 논리입니다. 투표권이 신체 포기각서처럼 시민의 참정권 포기각서가 된 셈입니다. 박정희 대통령이 선포한 유신헌법에는, 권력과 정치에서 국민을 배제하려는 의도가 더욱 노골적으로 드러납니다.

제7차 개정헌법(유신헌법) 1조
① 대한민국은 민주공화국이다.
② 대한민국의 주권은 국민에게 있고, 국민은 그 대표자나 국민투표에 의하여 주권을 행사한다.

유신헌법은 국민주권론을 사실상 부정합니다. "주권은 국민에게 있"다고 전제하면서도 국민이 주권을 행사하는 방법은 "대표자나 국민투표에 의해" 가능하다고 단서를 붙여놓았습니다.

투표할 때만 행사하는 주권   ⌄

유신헌법 1조 2항은 유신정권이 무너진 뒤 현재의 헌법으로 개정되었습니다. 1000만 관객을 동원한 영화 〈변호인〉에서 송우석 변호사로 분한 송강호가 법정에서 또박또박 힘주어 외치던 헌법 구절을 기억하시나요?

대한민국 헌법 1조 2항

② 대한민국의 주권은 국민에게 있고, 모든 권력은 국민으로부터
　　나온다.

"국민은 그 대표자나 국민투표에 의하여 주권을 행사한다"는 유신헌법 조문은 위 내용과 같이 "모든 권력은 국민으로부터 나온다"로 개정되었습니다. 그러나 지금 우리가 처한 현실은 여전히 44년 전의 유신시대와 결별하지 못한 듯합니다. 다음은 2008년 미국산 쇠고기 수입 반대 촛불집회로 국민들의 거센 저항에 직면한 뒤, 이명박 대통령이 국회에서 행한 시정연설입니다.

국민들의 적극적인 정치참여와 인터넷의 발달로 대의정치가 도전을 받고 있습니다. 이에 대해서도 정부와 국회는 능동적으로 대처할 필요가 있습니다. (…) 선진사회는 합리성과 시민적 덕성이 지배하는 사회입니다. 감정에 쉽게 휩쓸리고 무례와 무질서가 난무하는 사회는 결코 선진사회가 될 수 없습니다. 부정확한 정보를 확산시켜 사회 불안을 부추기는 '정보전염병infodemics'도 경계해야 할 대상입니다.

—2008. 7. 11. 제18대 국회 시정연설 중에서

인터넷과 SNS를 통한 국민들의 자발적 정보 공유와 토론은 '정보전염병'으로, 국민의 정치참여는 '대의정치에 대한 도전'으로 간주하고 있습니다. 정치인들은 "국민을 섬긴다"는 말을 입에 달고 살지만, 여전히 대한민국 국민은 '통치의 대상'이지 '권력의 주체'가 아닙니다. 국민은 우매하고 단순하고 '감정에 쉽게 휩쓸리'는 존재여서, 정보와 권력을 함부로 나눠주면 위험하다는 생각이 아직도 우리 사회의 지배적 담론을 형성하고 있습니다.

선거철에는 머리를 조아리던 사람들이 일단 선출되고 나면 '권력 특허'라도 부여받은 것처럼 제멋대로 굴지만, 국민들은 그걸 뻔히 지켜보면서도 제어할 수단이 변변찮습니다. 헌법 72조[3]에 따르면 국민투표의 발의 권한은 대통령에게 있습니다. 대다수 국민들이 할 수 있는 일이란, 그저 '청원'하거나 '요구'하고 '호소'하는 일뿐입니다. 헌법 26조에 "① 모든 국민은 법률이 정하는 바에 의하여 국가기관에 문서로 청원할 권리를 가진다. ② 국가는 청원에 대하여 심사할 의무를 진다"라고 명시된 청원권에 관한 규정이 있지만, 부탁하고 탄원하는 의미에 그치는 것이라 적극적인 청구권이라고 보기 어렵습니다.[4]

애써 탄원하고 청원해봤자 정치인이 외면하면 그뿐, 눈에 띄는 변화가 없다보니 많은 이들이 실망감과 좌절감에 정치를 외면합니다. "에잇, 더러운 정치, 너희끼리 실컷 해먹어라!" 이렇게 욕하고 돌아섭니다. 그 무관심과 냉소는 정치인들이 권력을 남용하고 독점할 수 있는 빌미가 됩니다.

모든 권력은 고이면 썩습니다. 최상위층이 독점한 권력은, 부패와 남용의 위험으로부터 스스로를 보호할 자정능력을 잃습니다. 간혹 양심적이고 정직하다고 자부하는 이들이 이런 문제를 해결하겠다고 정치권에 들어가지만, 상한 국에 싱싱한 재료를 조금 더 넣는다고 맛있어지는 건 아닙니다. 지금 대한민국 대의제는 기득권 집단에 의해 독점된 '그들만의 리그'입니다.

이제 그 악순환의 고리를 끊어야 합니다. 권력은 더러운 것도, 무서운 것도 아니고, 소수 전문가만이 취급 자격을 가진 독극물이나 금단의 열매가 아닙니다. 권력은 '공공의 관리 대상'입니다. 권력을 형성하는 일, 권력을 배분해서 다양한 이해관계를 가진 이들의 목소리가 자유롭게 발의되도록 하는 일은 우리의 일상과 운명, 나아가 우리 아이들의 미래를 결정합니다. 정치는 권력을 가진 대한민국 국민 모두의 것이어야 합니다.

업그레이드되지 못한 민주주의

국민이 주인이 되어 권력을 배분하고 사용하는 것이 민주주의입니다. 그러나 '민주주의'는 어느덧 '권력'이나 '정치'만큼이나 지루하고 구태의연한 용어가 되어버렸습니다. 저마다 '민주주의'를 주장했던 이들이 권력을 위임받은 이후 보이는 행태가 국민의 눈높이에 한참 미달하는 것이다보니, 민주주의란 용어는 철지난 유행

가처럼 낡고 진부한 것이 되었습니다. 그래서 새로운 시대정신을 민주주의가 아닌 다른 것에서 찾아야 한다고 주장하는 사람들도 생겼습니다.

그러나 민주주의는 죄가 없습니다. 민주주의가 낡은 것이 아니라, 민주주의를 시대의 요구에 맞게 발전시키지 못한 '복고적 담론'이 낡은 것입니다. 과거 우리 사회를 지배해온 민주주의 담론은 크게 두 가지입니다. 하나는 이승만과 박정희 시대에 확립된 '반공민주주의'이고 다른 하나는 4·19와 유신반대운동, 5·18과 6월항쟁을 통해 발화된 '반독재민주주의'입니다.

반공민주주의 세력은 '반공'을 '민주주의'의 동의어로 간주했습니다. 5·16을 일으킨 박정희의 군사혁명위원회는 "첫째, 반공反共을 국시國是의 제일의第一義로 삼고 지금까지 형식적이고 구호에만 그친 반공태세를 재정비 강화"한다고 선언하며 반공을 국가 운영의 최고 원칙으로 삼았습니다. 1972년 유신헌법을 선포할 때도 '한국적 민주주의의 토착화'를 내세우면서 멸공안보태세 확립을 강조했지요. 반공이 아닌 것은 민주주의로 인정되지 않았습니다. 지금도 많은 이들은 민주주의를 반공의 동의어로 생각합니다.

이러한 독재에 대항해서 반독재민주주의운동이 벌어졌습니다. 민주주의의 실질적 내용에 대해서 더욱 다양한 논의가 벌어진 것은 바람직한 일이었으나, 이 역시 '반독재' 투쟁을 '민주주의'와 등치시키는 경향이 강했습니다. 자유분방한 대화와 논쟁 속에서 다양한 의견을 경청하고 조율하기보다는, 눈앞의 적대세력에 맞서

효율적으로 역량을 결집하고 '독재타도'의 단일한 구호 아래 힘을 모으는 게 중요하다는 인식이 지배적이었습니다. 여성과 소수자의 문제는 저평가되고 위계적 질서와 상명하복식 리더십에 대한 문제의식은 깊지 못했습니다.

'반공'이나 '반독재'로 대표되는 민주주의 담론은 허약하고 부실합니다. 이 같은 민주주의는 무엇에 반대하는 '대립항'으로서, 적대적 투쟁을 통해서만 얻어낼 수 있는 것으로 간주되니까요. 오랜 세월 남과 북이 안보태세를 빌미로 인권을 말살하고 시민적 자유를 억압하며 적대적 공생관계를 유지해온 것처럼, 우리 사회에서 진보와 보수의 진영 논리는 각기 '반공'과 '반독재'를 내세워 적대적 공생의 양당체제를 온존해왔습니다.

"종북좌파가 싫으면 나를 선택하라"와 "독재의 부활이 싫으면 나를 선택하라"의 사이에서 양자택일의 정치가 강요되는 동안, 국민이 주인이 되는 진정한 민주주의는 수십 년째 제자리걸음을 하고 있습니다. 지금 우리에게 필요한 것은 반공민주주의와 반독재민주주의의 제한된 답안지를 벗어나서, 민주주의에 대한 새로운 담론을 세우는 일입니다. 민주주의의 민주화democratization of democracy5가 필요합니다.

Key Word

넷파티Net Party
인터넷을 기반으로 조직된 아르헨티나의 정당. 온라인 투표 시스템을 통해 시민의 의견을 공개적으로 모으고 이 결과를 의회에 제출해 반영한다.

19세기 제도를 쓰는 21세기 사람들 ∨

새로운 민주주의 담론에서 중요한 것은 무엇일까요? 그간 민주주의의 핵심 요소로 간주되어온 대의제 정치나 다수결의 원칙, 삼권분립에 의한 견제와 균형 모델로는 시대의 변화에 발맞추기에 충분치 않습니다. 19세기 시민민주주의는 '국민이 선출한 대표가 국민의 요구를 대신 반영'하는 대의제를 기초로 했지만, 오늘날 대의제가 다양한 계급, 계층, 세대, 소수자의 목소리를 제대로 반영한다고 믿는 사람은 많지 않습니다. '다수결의 원칙이 민주주의의 기본 원칙으로 충분한가'에 대해서도 진지한 논의가 필요합니다. 충분한 토론이나 논쟁 없이 수적 우위로 결판내는 방식으론 다양한 소수집단의 의견을 반영하기 어려운 까닭입니다. '입법, 행정, 사법의 견제와 균형으로 권력 집중을 막는다'는 삼권분립이 실제로 권력 독과점을 방지하고 있는가에 대해서도 회의적 시각이 지배적입니다. 많은 국가들의 사례들처럼 삼권 모두를 소수 엘리트가 장악하고 있는 상황에서는, 제대로 된 사회적 견제와 균형이 이루어지기 어렵기 때문입니다.

아르헨티나의 시민정책표결 플랫폼인 데모크라시OS를 선보이고 넷파티를 창립한 정치활동가 피아 만시니Pia Mancini는, 오래된 제도와 관행에 안주해서 소수 특권층의 이해에 봉사하는 정치를 온라인시대에 걸맞게 업그레이드하자고 주장합니다.

21세기에 사는 우리는, 15세기의 정보기술을 바탕으로 19세기에 고안된 정치제도와 부딪치며 살아갑니다. 이 시스템의 특징을 살펴봅시다. 우선 이것은 500년도 더 전에 만들어진 정보기술(활판인쇄술)에 맞춰 설계되었습니다. 이 시스템으로 할 수 있는 최선이라곤, 극히 소수가 다수의 이름으로 매일매일 (중대사를) 결정하는 것입니다. 다수가 할 수 있는 일은 2년에 한 번 투표하러 가는 것밖엔 없습니다. 둘째로, 이런 정치 시스템에 참여하는 비용은 놀라울 정도로 높습니다. 당신은 상당한 재력과 영향력을 갖추거나, 인생 전체를 정치에 걸어야 합니다. 정당의 일원이 되어야 하고 천천히 서열이 올라가기를 기다려야 합니다. 언젠가 의사결정을 할 수 있는 테이블에 앉는 그날이 올 때까지.

―피아 만시니[6]

우리는 휴대폰으로 은행 결제를 하고, 인터넷으로 쇼핑을 하고, 한 번도 만나본 적 없는 이들과 페이스북으로 정보를 공유합니다. 500년 전 인쇄술에 기반하여 만들어진 200년 전의 대의정치는 시효가 끝났습니다. 새로운 시대의 키워드는 수평적 소통, 정보공유, 권력분산, 집단지성, 연대와 협력, 네트워킹 같은 것들입니다. 이런 시대정신을 반영해 정치를 재정의하고 새롭게 설계하려는 시도가 필요합니다. 우리보다 민주주의의 역사가 오래되고 의회주의의 전통이 강고한 나라들에서도 대의제나 다수결의 원칙, 견제와 균형 모델의 한계를 극복하려는 다양한 시도가 한창입니다.

새로운 민주주의는 과거 정치의 한계를 어떤 식으로 보완해나가야 할까요? 소수 직업정치인이 군림하는 대의제의 맹점을 보완하기 위해 필요한 것은, 시민이 참여하는 직접민주주의 제도를 강화하는 것입니다. 다수결의 원칙의 폐해를 줄이기 위해 필요한 것은, 수평적 시민 토론에 의한 집단적 의사결정을 제도화하는 것입니다. 실효성 있는 견제와 균형을 위해 필요한 것은, 엘리트 집단의 삼권분립 정치에 만족하지 않고 시민이 입법, 행정, 사법 과정에 참여할 수 있도록 문턱을 낮추는 일입니다.

저비용 고효율, 온라인시대의 직접민주주의   ∨

고양이가 쥐의 권리를 대신 지켜줄 순 없습니다. 검은 고양이를 흰 고양이로 바꾼다고 해서 쥐들의 입장을 더 잘 대변할 것이라 기대할 순 없습니다.[7] 정치인들의 사회적 토대가 동일하기에, 이 정당에서 저 정당으로 권력을 교체하는 것만으로는 근본적인 변화를 기대하기 어렵습니다. 세계 상위 1%가 나머지 99%를 다 합친 것보다 더 많은 부를 소유하고 있고,[8] 우리나라의 경우 상위 10%가 전체의 66%에 해당하는 자산을 갖고 있습니다.[9] 소득 격차는 해마다 가파르게 벌어지고 있지만, 시장이 자율적으로 그 문제를 해결하진 못합니다. 부의 집중과 사회 양극화가 갈수록 극심해지는 사회에서, 권력의 독과점을 해결할 핵심 열쇠는 정치입니다.

그러기 위해 무엇보다 중요한 것은, 대의제의 한계를 직접민주주의의 확대로 보완하는 일입니다. 박명림 연세대 정치학과 교수는 『다음 국가를 말하다―공화국을 위한 열세 가지 질문』이란 책에서 "향후 민주주의의 성패는 직접민주제의 요소를 얼마나 많이 도입하느냐에 달려 있다"[10]고 주장합니다.

> 미래로 나아가려 할 때 지금 우리가 깊이 생각해야 할 점은 현대 공화국의 기축제도, 즉 민주주의에 대한 근본적인 재고이다. 그것은 곧 건국 초기 미국으로부터 발원하여 현대민주주의를 정초한 제임스 매디슨[11]식의 민주주의를 넘어서는 문제라고 할 수 있다. (…) 특히 사회경제적인 문제를 거의 해결하지 못하며 점점 더 국민과 시민민주주의가 아닌 엘리트와 대표의 민주주의로 전락하고 있는 미국 민주주의의 현실을 볼 때 그에 기반하고 있는 한국 민주주의의 현실에서 직접민주주의 요소의 강화는 더욱 절실해 보인다.[12]

직접민주주의라니? 고대 그리스에서나 하던 걸 지금 어떻게 하느냐고 펄쩍 뛰는 분들이 계십니다. 엄청난 비용과 시간이 들 거라고 반대하는 분들도 있습니다. 그러나 모르는 소리입니다. 인터넷과 모바일미디어, 다양한 오픈소스 프로그램을 이용하면 큰 비용 없이 훨씬 신속하고 효율적으로 시민의 직접 참여를 유도할 수 있습니다. 스페인 마드리드에선 2015년 9월부터 시민들이 시의 입법과 행정 과정에 직접 참여할 수 있도록 '디사이드 마드리드'라는 시민참여 포털서비스를 제공하기 시작했는데, 이 서비스 구축에 들어간 비용은 고작 10만 유로(약 1억 2000만원)였습니다. 16세 이상 마드리드 시민이라면 누구나 이 사이트에 접속해서 공공정보를 열람하고 예산 편성을 제안하고 토론을 통해서 법안을 발의할 수 있습니다.

대의제에 전적으로 의존하는 정치 시스템 때문에 정치가 시민들의 요구를 담아내지 못하고 엉뚱한 데 돈을 쏟아붓게 되거나, 잘못된 정책결정으로 엄청난 후유증을 남기는 경우가 얼마나 많았습니까? 4대강 개발사업이나 한강 르네상스 사업 같은 경우, 엄청난 예산을 들여 사업을 강행하고도 그로 인한 환경파괴 때문에 추가예산이 해마다 눈덩이처럼 커지고 있습니다. 직접민주주의 도입을 통한 시민의 참여는, 오류를 최소화하고 예산 낭비를 줄인다는 측면에서 오히려 저비용 고효율의 합리적 보완책입니다.

직접민주주의를 하면 많은 사람들이 중구난방으로 떠들 텐데 어떻게 합의를 도출할 수 있겠느냐는 반론도 있습니다. 고대 그리스의 아테네처럼 광장에 모여앉아 연설을 듣고 표결하는 방식으로만 결론을 내려고 한다면 물론 어려움이 많겠지요. 그러나 집단적 의사결정을 효율적으로 할 수 있도록 도와주는 여러 가지 온라인 서비스들이 있습니다. 뉴질랜드의 젊은 개발자들이 만든 '루미오'는 동시간대에 얼굴을 맞대고 있지 않아도 숙의적 토론을 통해 의사결정을 할 수 있도록 도와주는 서비스입니다. 뉴질랜드는 물론 브라질과 헝가리, 스페인에서 이 도구는 아주 합리적인 방식으로 시민적 합의를 형성하는 데 큰 효과를 발휘했습니다.

사람들이 온라인상에서 악플을 달고 막말이나 늘어놓지 가치 있는 의견을 개진하겠느냐고 회의하는 시각도 있습니다. 악플과 막말은 분노와 좌절감의 표현입니다. 내 얘기를 아무도 경청하지 않고 아무도 수용하지 않는다고 여길 때 사람들은 배출구를 찾지 못한 욕망과 절망을 악플로 배설합니다. 그러나 시민들의 토론 성과를 정치에 반영한다는 명확한 보장이 있으면, 사람들은 생각보다 훨씬 진지하고 책임감 있게 토론을 진행합니다.

스페인 바르셀로나에서는 '모두의 바르셀로나'라는 뜻을 가진 지역정당 '바르셀로나 엔 코무Barcelona en Comú'는 당의 정책공약을 선정하는 일이나 윤리규약을 채택하는 일을 모두 공개적인 대중 토론 방식으로 진행했습니다. 온라인과 오프라인이 결합된 수평적 토론을 통해서 상향식으로 의제를 선정하고 의사결정을 내렸습니다. 재산도, 학벌도, 성향도 제각각인 평범한 시민들에게 권력을 부여하니 어떤 전문가도 대신할 수 없는 집단지성의 힘이 발휘되었습니다.

기본적으로 이기적인 존재인 인간이, 정치처럼 골치 아프고 진지한 주제에 그렇게 열심히 참여할 리가 있겠느냐고 반문하시고 싶은 분께는 이 책에 실린 사례들을 꼼꼼히 읽어주시기를 청합니다. 이미 많은 나라에서 새로운 민주주의를 향한 발걸음이 시작되었습니다. 정치는 '골치 아프고 지루한 주제'가 아니라 나와 이웃의 공감대를 확인하고 같이 잘 살기 위한 최선의 방편을 찾아가는 과정입니다. 정치는 특별한 사람이 특별한 때에만 하는 것이 아니라

보통 사람들이 삼시 세끼 '밥먹듯이' 하는 일상적 삶의 한 부분입니다.

물론 언제 어디서나 직접민주주의가 성공하는 것은 아닙니다. 직접민주주의적인 시민참여가 활발하게 진행되는 사례들을 살펴보면 몇 가지 공통적인 성공의 조건들이 있습니다.

- 시민은 일상적, 상시적으로 의제를 제기하고 그 제안을 집단토론과 표결에 부칠 수 있어야 합니다.
- 시민의 합의 결과는 정치와 행정에 신속하게 반영되어야 합니다.
- 모든 공공정보는 공개되어야 하고 누구나 쉽게 찾아볼 수 있어야 합니다.
- 공문서는 누구나 이해할 수 있는 용어로 쉽게 기록되어야 합니다.
- 다양한 집단별 자치가 존중되고 소수자의 발언권이 보장되어야 합니다.
- 집단의 특정인에게 권력이 집중되지 않도록 수평적 의사결정구조가 강화되어야 합니다.
- 시민은 다양한 방식으로 자신을 대변할 정치적 주체를 만들 자유가 보장되어야 합니다.

이 같은 항목은 직접민주주의를 시행하기 위한 '전제'나 '선결조건'이라기보다는, 직접민주주의를 통해 보다 확대, 강화해야 하는 21세기형 민주주의의 궁극적 목표이기도 합니다.

정치는 공학이 아니라 예술이다 ∨

아직 우리나라에는 더 나은 민주주의를 구현하기 위해 넘어야 할 산이 많습니다. 정치 신인과 군소정당, 사회적 약자에게 절대적으로 불리한 선거법을 고치고 일상적인 정치 행위가 가능하도록 사전 선거운동 금지 조항을 없애야 합니다. 전국 5개 지역에서 5000명의 서명을 받아야 가능한 정당 설립요건을 완화하고 국회의원 후보 1인당 1500만원에 달하는 기탁금 제도도 폐지하거나 축소해야 합니다. 전 세계에서 유일하게 19세로 정해져 있는 우리나라 투표 연령도 세계 기준에 맞게 18세나 16세로 낮춰야 하고, 정당의 득표율과 의석수가 비례하지 않는 선거제도도 대폭 개혁되어야 합니다.

무엇보다도 중요한 것은 "정치는 아무나 하나?"라는 부정적 인식을 일소하는 일입니다. 정치는 가방끈 긴 사람, 집안 좋고 인맥 좋은 사람이 하는 것이란 고정관념, 정치는 더러운 것이니 가까이 하면 안 된다는 냉소주의를 버리는 것입니다. 정치는 '아무나 하는 것'이어야 합니다. 누구나 정치참여의 주체가 될 수 있도록 문턱은 최저로 낮추되, 정치 활동의 원칙은 최대의 기준을 적용해 엄격하게 지켜야 합니다. 정치 활동은 다음 세 가지를 충족시켜야 합니다. 이른바 A.R.T. 정치입니다.

A: Accountable   약속한 바를 엄격하게 이행하는 책임정치

R: Responsive　　시민의 요구에 기민하게 반응하는 소통정치

T: Transparent　　재정과 의사결정 과정을 빠짐없이 공개하는 투명정치

Accountable. 정치인은 공약한 바를 엄격하게 이행할 책임이 있습니다. 선거철만 되면 무수한 공약을 쏟아놓고 선거가 끝나면 누가 무슨 말을 했는지, 그것이 얼마나 이행되고 있는지 알 수 없는 상황에서는 책임정치를 기대할 수 없습니다. 1부에서 소개하는 이탈리아 오성운동의 경우 모든 공약 사항을 온라인에 전재하고 누구나 상시적으로 확인할 수 있도록 했습니다. 전체 공약을 주제별로 분류해두고 실제로 입법이 되거나 집행될 때마다 표시를 해서 한눈에 무엇이 얼마나 실행되고 있는지 알 수 있게 했습니다. 바르셀로나의 지역정당 바르셀로나 엔 코무에서는 '정당한 사유 없이 공약을 제때 실행하지 못하는 경우, 견책이나 파면이 가능'하다는 규정을 명시해두었습니다.

Responsive. 정치인은 언제나 다양한 시민과 소통하고 그들의 비판과 제안에 즉각 정직하게 응답할 준비가 되어 있어야 합니다. 그러기 위해서는 시민이 질의하거나 요구할 때마다 정확한 답변을 할 수 있도록 온라인과 오프라인에 각각 소통의 채널을 열어두어야 합니다. 트위터나 페이스북, 블로그 계정이 있다고 해서 시민과 소통을 잘하는 것은 아닙니다. 바르셀로나 시장 아다 콜라우는, 주택대출금 피해자들의 주거권 보장에 적극 나서달라는 시민들의 요구를 받고 현재 논쟁중인 문제, 미결 과제, 앞으로의 진행

계획 등 10개 항에 대해 조목조목 자신의 의견을 공개했습니다. '응답하는 정치'라야 발전적 진화가 가능합니다.

Transparent. 정책이 입안되고 실행되는 전 과정, 정치인이나 선출직 공직자들의 활동 내역과 재산 상태 변동 등을 상시적으로 투명하게 공개해야 합니다. 비공개적인 정책로비나 부정거래에 의해 정치적 결정이 이루어지지 않도록 감시하기 위해서입니다. 다수 시민들에게 다짜고짜 의견을 물어 다수결로 정하는 것은 집단지성에 의한 결정이 아닙니다. 대중이 지혜로운 설정을 내릴 수 있도록 정치 엘리트나 전문가가 독점해온 정보를 공개하고 토론과 논쟁을 통해 보다 현명한 판단에 이를 수 있도록 보장해야 합니다. 밀실정치를 벗어나 시민에 의한 결정이 이루어지도록 하기 위해서입니다.

정치인이 약속한 바에 대해 책임을 지고, 시민의 요구에 적극적으로 화답하며, 자신이 어떤 집단의 이익을 대변하고 어떤 정책을 주장하는지 투명하게 공개하고 기록하는 정치 활동이 A.R.T. 정치입니다. 이렇게 해야만 정치는 예술Art이 됩니다. 인간에 대한 소통과 공감에 바탕을 두고, 공동체적 최선을 찾기 위해 사람의 마음을 움직이는 예술이 진짜 정치입니다.

자신의 권력 재생산에만 골몰하는 직업정치인은 정치 활동의 성공 여부를 공학적 계산으로 판단합니다. 유권자들이 어떤 생각을 하고 표를 주었는지는 그다지 중요하게 생각지 않습니다. 상대 후보보다 자기 표가 한 표라도 많기만 하면 됩니다. 스스로 결격 사항이 많더라도, 상대 후보가 자기보다 미운 짓을 더 많이 하면 이길 수 있다고 생각합니다. 그래서 서로 깎아내리고 책임을 전가합니다. 그들이 생각하는 정치의 궁극적 목표는 오직 한 가지, '권력 연장'뿐입니다. 그런 정치엔 감동이 없습니다.

나쁜 정치는 인간의 나쁜 본성을 자극합니다. 혐오와 부패, 탐욕과 집착, 허세와 위선을 조장합니다. 좋은 정치란, 인간의 선한 본성을 북돋는 정치입니다. 이해와 배려, 양보와 타협, 신뢰와 용서, 더불어 사는 삶의 즐거움을 깨닫게 합니다. 정치의 룰은 그 사회의 규범과 문화를 좌우하며 시대의 품격을 규정합니다. 최선의 합의에 따라 해법을 찾고, 공정한 룰에 따라 권력의 배분이 이루어지는 사회에서는 사람들이 희망을 품을 수 있습니다. 오늘보다 내일이 나을 거라는 희망만 있어도 웬만한 어려움은 함께 감당해 나갈 수 있을 겁니다. 시민과 권력을 나누고, 시민의 판단을 반영하고, 시민 앞에 정직한 정치. 감동과 활기가 가득한 예술 같은 정치, 그 듣도 보도 못한 정치의 시대가 열리고 있습니다.

게임의 룰을
바꿔라

OK

21세기형 정당의 발흥, 우연인가 필연인가

인터넷이 보급된 초기에는, 새로운 정보통신기술이 정치를 싹 바꿀 것이라는 기대와 낙관론이 팽배했습니다. 인터넷과 뉴미디어기술로 누구나 정부와 의회, 공공기관이 보유한 방대한 데이터에 접근할 수 있고, 실시간 쌍방향 소통이 가능해짐에 따라 시민과 정치인 사이의 효율적 의사소통이 가능해지며, 전자투표와 사이버국회, 전자정부를 통한 직접민주주의가 강화될 것이라고 많은 미래학자들이 분홍빛 전망을 내놓았습니다.[1]

오래지 않아 이런 낙관론은 판타지에 불과했다는 비판이 쏟아져 나왔지요. 자본의 독점은 더욱 심해졌고, 정부와 대기업이 빅데이터로 유리알 들여다보듯 시민들의 일거수일투족을 감시하고 감청하는 데 비해서 정치혁신과 정당개혁은 차일피일 더디기만 합니다. 기술이 정치에 미치는 영향을 논하는 국제적 콘퍼런스, 퍼스널 데모크라시 포럼Personal Democracy Forum의 창립자 미카 시프리Micah Sifry는 『거대한 단절—왜 인터넷은 정치를 바꾸지 못했나』라는 책에서, "인터넷은 우리 삶을 크게 변화시켰지만, 우리는 인터넷으로 세상을 크게 변화시키지 못했다"고 주장했습니다. SNS를 활용한 정치의 표본으로 손꼽히는 오바마의 선거캠페인조차도 "오바마를 당선시키기 위해서 고안된 것이지, 그의 지지자들에게 권력을 이양하기 위한 게 아니었다"는 것이죠.[2]

우리나라에서도 대통령이 바뀔 때마다 '전자정부' '참여정부' '정부

3.0' 등 디지털시대에 발맞춘 구호를 앞세웠지만, 현실에서 체감하는 변화는 각종 증명서를 좀더 손쉽게 뗄 수 있다는 점, 국회나 선관위 홈페이지에서 정치인의 등록 정보를 좀더 쉽게 찾아볼 수 있다는 점 정도입니다. 그 가운데서도 가장 변화가 더딘 조직이 정당입니다. 기껏해야 온라인 입당이 가능하게 되었다는 게 엄청난 정당 혁신이라고 평가받는 세상입니다.[3]

21세기 온라인시대에 걸맞은 정당은 어떤 모습일까요? 보통 사람이 평등하고 투명하게 정책결정에 참여하고 정당의 노선과 규약을 결정할 수 있는 권한을 가지려면 어떻게 해야 할까요? 1부에서는 그런 질문에 답이 될 수 있는 새로운 정당 모델을 소개합니다. 스페인의 지역정당 바르셀로나 엔 코무, 전국정당 포데모스, 이탈리아의 오성운동, 그리고 아이슬란드의 해적당은 민의를 보다 기민하고 투명하게 반영하기 위한 디지털 시스템의 새로운 예라고 할 수 있습니다. 이 사례들은 전통적인 양당체제가 부패와 특권 남용으로 국민들의 지탄을 받는 상황에서 어떻게 제3의 정치주체가 출현하는가와 관련해 특히 우리 사회에 시사하는 바가 큽니다.

낡은 정치 시스템을 거부하며 새롭게 등장한 시민주도형 정당들은 몇 가지 공통점을 갖고 있습니다.

첫째, 정책과 공약, 후보자 선출은 모두 시민의 토론과 표결을 통해 만듭니다. 당의 기반이 되는 지역별 주민 모임을 통해 정책적 요구를 모으고 온라인상의 공개토론과 찬반투표, 숙의적 합의 방식을 거쳐 공약을 완성합니다. 후보자나 정당원마저도 생소해하는 정당공약, 당 대표의 독단에 의한 일방적 공약 발표 같은 건 여기선 있을 수 없습니다.

둘째, 직업정치인의 특권을 배제합니다. 이탈리아 오성운동은 직업정치인이 현역에 오래 머물면서 권력을 사유화할 수 없도록 3선 금지를 당규로 정했습니다. 지방의회든 국회든 두 번 선출된 사람은 임기가 끝나면 예외 없이 원래의 생업으로 돌아가야 합니다. 바르셀로나 엔 코무와 포데모스 소속 시장, 시의원들은 봉급 상한액을 230~290만원대로 대폭 낮추고, 회의비나 택시비 지급, 관용차 이용과 같은 특권도 거부했습니다.

셋째, 투명한 정보공개로 부패를 방지합니다. 오성운동은 돈 안 드는 온라인 선거운동만 허용합니다. 바르셀로나에선 입후보자와 공직자의 모든 활동을 온라인에 공개합니다. 공직자가 퇴직 후에도 3년간 재산 내역을 공개하고 5년간 유관기관에 취업하지 못하도록 했습니다.

바르셀로나 엔 코무에서 당당히 선언한 바와 같이 그들의 목표는 "한 정당에서 다른 정당으로 집권당을 교체하는 것이 아니라, 정치를 하는 게임의 룰을 근본적으로 바꾸는 것"입니다. '새 정치'는 '새 인물'이 선언한다고 되는 것이 아니라, '새 시스템'으로 의사결정 과정을 혁신하고 시민에게 권력을 부여할 때 가능한 것입니다. 그런 시스템을 설계하고 새로운 리더십을 세우는 것이 21세기 정당의 역할입니다.

이들 신생정당의 앞길이 모두 순탄한 것만은 아닙니다. 시민에게 권력을 이양하기 위해 다양한 시스템과 규율을 도입했지만, 대중에게 지지받는 정당을 만들고 키우는 과정에서 몇몇 스타 정치인들이 핵심적 기여를 해왔다는 점은 부인하기 힘듭니다. 이들에게 권력이 편중되는 일이 다시 벌어지지 않도록 각 정당 내부에서 어떻게 권력 집중을 견제하고 아래로부터의 동력을 관리할지는 좀더 지켜봐야 할 문제입니다. 반제도권anti-institutionalization 정당을 표방하며 기성정치에 반대해온 신생정당이 연정에 참여하는 게 옳은가에 대해서도 논란이 많습니다. 오성운동과 포데모스는 각기 연정 제안을 단호히 거부했는데, 이 결정 역시 당원들의 의사에 기초한 것이긴 하나 찬반양론이 여전히 치열한 상태라 이후 상황이 어떻게 전개될지 주목됩니다.

1장 ── 그녀는 어떻게 시장이 되었나
─ 바르셀로나의 아다 콜라우   🔍

"우리에겐 왜 제대로 된 지도자가 없을까?" 한숨 나오는 정치 뉴스를 접할 때마다 많은 이들이 한탄합니다. 그런데 과연 걸출한 지도자가 나타나면 모든 문제가 해결될까요? 그런 지도자는 정말로 존재하는 것일까요? 이제 더이상 이런 '우상의 정치'에 기댈 수는 없습니다. 시민의 목소리를 제대로 대변할 인물을 키우고, 시민의 요구를 무시하는 정치인은 저절로 도태되는 새로운 정치 시스템, 게임의 규칙을 만들어야 합니다. 스페인 바르셀로나의 사례를 통해 새로운 규칙을 바탕으로 탄생한 시민참여정치를 살펴보겠습니다.

투명하고 공정한 정치를 향한 새로운 움직임

풀뿌리 시민참여정치의 첫번째 사례는 스페인 바르셀로나입니다. 지난 2015년 5월, 스페인 바르셀로나에서는 풀뿌리 시민정당 바르셀로나 엔 코무가 기성정당을 물리치고 지방선거 득표율 1위를 기록, 바르셀로나 시의 새로운 지방정부를 구성했습니다. 바르셀로나 엔 코무는 다양한 시민사회 및 정치그룹의 수평적 연대를 통해 탄생한 신생정당입니다. 생긴 지 1년이 될까 말까 한 정당이 집권한 것도 놀랍지만, 더 놀라운 사실은 따로 있습니다. 바르셀로나 엔 코무 소속으로 첫 여성 시장으로 뽑힌 아다 콜라우^{Ada Colau}가 정치인이 아니라 주거권운동을 펼쳐온 시민단체 활동가 출신이라는 것입니다. 도대체 어떻게 해서 시민단체 출신, 그것도 신생정당 소속의 여성 인사가 스페인 제2도시 바르셀로나 시장 자리에 오를 수 있었을까요?

바르셀로나는 1992년 올림픽 유치 이후 유럽 최대의 관광도시 가운데 하나로 성장했고, 2008년 조사에 따르면 GDP 기준으로 세계에서 35번째, EU국가 중에서는 4번째로 큰 경제력을 가진 도시였습니다.[1] 그러나 2008년 전 세계에 불어닥친 금융위기로 인해 바르셀로나도 큰 타격을 받았습니다. 일자리를 잃거나 대출금을 갚지 못해 주택이 압류되어 쫓겨나는 사람들이 속출했습니다. 금융위기 이후 바르셀로나에서 하루 평균 15가구, 2014년 상반기에만 7000가구가 살던 집에서 강제로 퇴거당했습니다.[2]

사실 이것은 바르셀로나만의 문제는 아니었죠. 스페인 전역에서 집을 잃고 쫓겨나는 사람이 급증했는데, 가장 심했던 2012년에는 매일 500가구가 거리로 내몰렸습니다.[3] 현재 은행에 압류된 채 빈집으로 남아 있는 주택은 2015년 기준으로 스페인 전역에 적어도 340만 채가 넘는 것으로 추산됩니다.[4]

아다 콜라우 시장 역시 대출금을 갚지 못해 거리로 나앉게 된 주택담보대출 피해자였습니다. 그녀는 자신과 비슷한 처지의 사람들과 함께 2009년 '주택담보대출 피해자들을 위한 플랫폼PAH, Plataforma de Afectados por la Hipoteca'을 창립했습니다. 이후 5년간 PAH의 대변인으로 활동한 아다 콜라우는 퇴거 반대시위 현장에서 경찰과 몸싸움을 불사하며 집을 잃은 사람들의 편에서 싸웠지요. 2013년 2월 주택 문제에 대한 의회 청문회에 PAH 대표로 출석한 그녀는, 스페인은행협의회 대표를 '범죄자'로 지칭하며 비판의 날을 세움으로써 언론의 주목을 받게 됩니다. 이후 국민들 사이에서 화제의 인물로 떠오른 콜라우는 기성정당으로부터 러브콜을 받았지만 모두 거절했습니다.

2015년 스페인 바르셀로나 지방선거에서 그녀는 바르셀로나 엔 코무의 후보로 출마합니다. 그리고 시민들의 폭발적인 지지 속에서 선거캠페인을 치러나가죠. 집을 빼앗기고 거리로 내몰리는 고통을 누구보다도 잘 알고 있는 아다 콜라우는 이렇게 선언합니다. "내가 시장이 되면, 돈이 없어 퇴거 명령에 불복하는 주민들을 강제로 쫓아내지 않겠다. 은행이 건물을 차압해서 빈 채로 그냥

바르셀로나 시장선거에 출마한 아다 콜라우는 시민들의 선거자금 후원과 정책결정에 이르기까지 수평적
참여 원칙을 철저하게 지키며 폭발적인 관심을 받았다. ⓒBarcelona en Comú

내버려두는 것은, 허가 없이 그 건물을 사용하는 것보다 더 큰 범
죄다."[5]

　아다 콜라우의 이러한 약속은 금융자본에 대한 정면 도전이었
습니다. 신생정당 소속의 시민단체 활동가 출신 후보가 선거운동
기간에 금융계의 거센 반발을 불러일으킬 발언을 서슴없이 하다
니, 객관적으로 도저히 선거에서 이길 수 없을 것만 같았습니다.
하지만 투표 이틀날인 5월 13일, 바르셀로나 엔 코무는 바르셀로
나 시의회 선거에서 승리했음을 선언합니다. 그리고 시의원들의
간선 투표를 거쳐 그녀는 바르셀로나 최초의 여성 시장으로 취임
합니다.

은행가와 사적으로 만나지 않겠습니다   ⌄

아다 콜라우는 선거운동 기간이었던 2015년 4월 6일 자신의 공식 블로그에 글 한 편을 올렸습니다. 『햄릿』의 대사 "죽느냐 사느냐 그것이 문제로다"를 패러디한 '은행가와 함께 식사할 것인가 말 것인가To dine or not to dine with bankers'라는 제목의 글이었습니다. 이 글에는 그녀와 바르셀로나 엔 코무가 지향하는 투명하고 공정한 시민참여형 정치가 무엇인지 잘 나타나 있습니다. 글의 전문을 옮겨보았습니다.

바르셀로나 엔 코무 소속으로 시장 후보가 된 것은 의심할 바 없는 영광입니다. 수천 명이 속한 집단의 대표가 되어 그 힘과 헌신 그리고 지원을 바탕으로 일을 해나간다는 건 큰 특권이자, 그 자체로 막중한 책임이기도 합니다. 어디에 가든 무엇을 말하든 그것은 저만의 말과 행동이 아니기 때문입니다. 그 말과 행동은, 수많은 이들의 원대한 희망이 담긴 프로젝트와 관계된 모든 것들에 영향을 미칠 수 있습니다.

이것이 후보직 수락이 공식화되자마자 제가 이 블로그를 시작하고 재정 지출과 일정을 공개하기 시작한 까닭이기도 합니다. 하지만 그것으론 충분치 않았습니다. 바르셀로나 엔 코무가 현 집권당을 견제할 강력한 야당 세력이 될 것이라는 전망이 나오는 가운데 새로운 정치적 영역을 개척하게 될지도 모르는 이번 지방선거의 선두에 선다는 것은, 직업정치인이 아닌 저희들에게 한 번도 겪어본 적 없는 일이 벌어질 것이라는 뜻이기도 했습니다. 우리는 다음 사례처럼 특정 초대를 수락해야 하는지 말아야 하는지 등의 여러 딜레마와 맞닥뜨리고 있습니다.

지난해 12월 그런 일이 처음 일어났습니다. 한 유명 언론인이 저에게 "내가 진행하는 라디오 건이 아니라, 도움이 될 만한 다른 일로 통화를 하고 싶다"는 메시지를 보냈습니다. 저는 그녀에게 전화를 했고, 은행 고위직에서 일하는 지인이 저와 점심을 먹으며 인간적으로 대화를 나누고 싶어한다는 이야기를 들었습니다. 저는 그녀에게 누구든 이야기를 나누는 것은 즐거운 일이지만, 특정 영역에서 일하는 사람과의 사적인 자리는 피하고자 한다며 공식적인 미팅을 갖는 게 더 나을 것 같다고 전했습니다. 그 방송인은 그후로 연락이 없었습니다.

몇 주 전 그런 일이 또 일어났습니다. 이번에는 또다른 유명 언론인이었습니다. "어떤 영역에서 일하는 친구들 몇 명이 당신을 만나고 싶어한다. 우리 집에서 저녁을 하려고 하는데 아마 만나면 당신도 재미있어할 것 같다(공식적 자리는 아니다)"는 이야기였죠. 그는 전화상으로, 그들이 금융회사의 중역이라는 사실을 알려주었습니다. 저는 그와 같은 비공식적인 자리가 조심스럽다는 뜻을 전하며 초대를 거절했습니다.

그 언론인의 이름을 밝히지는 않겠습니다. 이름을 밝히는 것은 중요한 일이 아닐뿐더러 그들이 어떤 나쁜 의도로 저에게 만남을 요청했다고 생각하지는 않기 때문입니다. 오히려 그들이 제게 보여준 호의에 감사하고 있습니다. 누군가와 점심이나 저녁식사를 하는 것을 나쁘다고 생각하는 것도 아닙니다. 그때 저는 이미 그런 일정으로 가득차 있었으니까요.

다만…… 다만 이러한 사소해 보이는 일화들 뒤에는, 우리의 불완전한 민주주의가 낳은 허물과 관행 들이 존재하는 듯합니다. 말하자면 이런 것입니다. 비영리단체는 점심이나 저녁 자리에 누군가를 초대하지 않습니다. 그들은 미팅의 이유를 밝히고, 미팅의 세부 사항들을 온라인이나 보도자료를 통해 공개할 겁니다. 반면 자신들의 직위를 외부에 명확히 밝히지 않으면서, 권력을 가진 사람들과 정기적으로 손쉽게 접촉할 수 있는 재계 유력 인사들이 존재합니다. 정기적인 점심이나 저녁식사를, 심지어 주말에도 가지면서 말이죠. 하지만 일반 시민들은 이러한 만남들에 대해 전혀 알 수 없습니다.

그러한 관습, 행동양식과 관행 들이 확실히 존재합니다. 재계 인사들이 보낸 두 번에 걸친 초청 역시 마찬가지입니다. 또다른 유력 업계인 호텔 인사들 역시 최근에 제게 저녁 미팅을 요청했습니다. 이번에는 좀더 공식적으로, 단체 명의의 전화와 이메일을 통해서 말입니다. 저는 점심식사가 아닌 공식 미팅을 가질 것을 요청했고 상대방도 제 제안에 동의했습니다. 제 일정표를 통해 확인하실 수 있다시피, 그 만남은 다음주 수요일 오후 1시로

바르셀로나 시청 홈페이지에 공개되는 아다 콜라우 시장의 주간 일정표.
그녀는 '감출 것은 전혀 없고, 모든 기록은 공유한다'는 원칙을 견지하고 있다. ©Ada Colau

예정되어 있습니다.

우리는 지역을 통치하기 위해 선거에 나섰습니다. 여기서 '통치한다'는 것은 모든 사람과 대화한다는 것을 의미합니다. 모든 힘있는 사람들 그리고 이해관계자들과 대화하는 것은 자연스럽고 당연한 일이지만, 접근성과 대우에 있어 차등이 없는 상황에서 이루어져야 합니다. 점심이나 저녁식사는 제외될 수 있을까요? 물론 아닙니다. 최소한 그것이 공개적으로 이루어짐으로써, 논의한 주제들이 다른 사람들에게 설명되고 모든 사람들이 각자의 몫을 치른다면 문제될 게 없지만 말입니다. '정치인이 다르게 행동할 수 있다'는 것은 이와 같은 구체적 실천들을 뜻하는 것입니다. 이것은 생각보다 훨씬 더 중요한 일입니다. 의심스러운 일이 생길 경우에, 투명한 일정 공개는 언제나 우리의 정직성을 보장하는 최선의 도구가 될 것입니다.[6]

그후 두 달가량이 지난 2015년 6월 28일, 바르셀로나 시의 시장이 된 아다 콜라우의 블로그에 새로운 글이 올라왔습니다. '은행가와의 미팅(바르셀로나 시장으로서)'이라는 제목으로요. 아다 콜라우는 후보 시절 공언한 대로, 음지에서 사적으로 만나 이야기를 나누는 대신 시청 집무실에서 스페인의 손꼽히는 대형 은행인 카이사 방크Caixa Bank 회장 이시드로 파이네Isidro Faine를 만났습니다. 아다 콜라우는 대출상환 조건을 완화해 집에서 쫓겨나는 서민들의 삶을 지킬 수 있게 노력해달라고 요청했고, 이시드로 파이네 역시 상당히 우호적이고 협력적으로 대화에 응했다고 그 내용을 소상히 공개했습니다.

아다 콜라우는 이후 주거권 보장에 관한 몇 가지 추가 조치를 취합니다. 은행이 집을 압류해서 2년 이상 보유하면, 해당 은행에 6만 유로의 벌금을 부과하게끔 조례를 개정함으로써 빈 집의 상당수를 공공주택으로 제공하게끔 유도하는 한편, 살 곳을 잃고 빈 집을 점거해 살고 있는 사람들을 강제 퇴거시키지 못하도록 했습니다.[7] 이들의 임시적 점유권을 인정한 것입니다.

외로워 마세요, 혼자가 아닙니다
풀뿌리 시민네트워크 PAH운동

여기서 잠깐, 혹시 아다 콜라우의 이야기를 읽으면서 "역시 훌륭한 지도자가 있어야 된다"고 개탄하고 계신가요? 바르셀로나의 사례가 부러운 건 사실입니다. 그러나 훌륭한 지도자가 우리의 문제를 해결해줄 것이라는 기대만큼 배신당하기 쉬운 믿음이 없다는 것을 우리는 누구보다도 잘 알고 있습니다. 바르셀로나 시와 아다 콜라우의 사례에서 잊지 말아야 할 것은, 아다 콜라우라는 사람을 시장으로 만든 힘은 개인의 타고난 능력이 아니라, 풀뿌리 시민네트워크로부터 나왔다는 점입니다.

앞서 아다 콜라우가 집을 잃고 쫓겨난 후 비슷한 처지의 사람들과 만들었다는 PAH라는 단체를 기억하시나요? 주택담보대출 피해자들을 위한 플랫폼, 스페인어의 앞글자를 따 PAH라고 부르는 시민단체는 금융권의 주택 압류에 저항하여 직접행동과 시민불복종운동을 펼쳐온 풀뿌리 시민네트워크입니다. 2009년 바르셀로나에서 설립된 PAH는 5년 동안 800명이 넘는 시민들을 강제 퇴거로부터 지켜내며 스페인 전역으로 확산되었습니다.[8]

PAH의 가장 큰 성과는 가계 부채를 개인과 가정의 문제가 아닌, 금융자본주의의 폐해이자 사회적 차원에서 함께 해결해야 하는 문제로 의제화했다는 점입니다. PAH는 경제위기를 불러온 관료들과 금융가들의 무능을 지적하며, "부실 경영으로 문을 닫게 생긴 은행을 국민의 세금을 들여 살려냈더니, 고마운 줄도 모르고 서민들을 도리어 거리로 내몰고 있다"고 강력히 항의했지요. 그 결과 주택대출금으로 집을 잃는 사람들의 문제가 개인의 무능이나 무책임이 아니라 금융기관과 정부의 잘못된 정책 수립 때문이라는 사실을 사람들이 깨닫게 되었습니다.

서민의 고통은 아는지 모르는지 은행 편만 드는 정부의 무능과 독선에 PAH는 강력한 시민불복종으로 대항했습니다. 사람들을 모아 강제 퇴거를 저지하는 집단농성을 벌이고, 은행에 재협상을 요구하고, 하루아침에 홈리스가 되어버린 사람들에게는 빈 건물을 점거해 머물게 하면서(스쾃squat), 서로가 서로를 격려하고 치유하는 끈끈한 네트워크를 형성했습니다.

PAH의 활동을 다룬 〈바르셀로나 PAH에서의 7일간〉이라는 다큐멘터리에는, 아침 일찍 아이들이 등교하기도 전에 압류반이 들이닥쳐 집에서 강제로 쫓겨나는 가족 이야기가 나옵니다. 책가방을 멘 채 계단참으로 내몰린 아들이 티셔츠에 고개를 묻고 훌쩍훌쩍 울기 시작하자, 아들을 위로하려던 어머니 역시 망연자실 할말을 잃고 맙니다.

하루아침에 거리로 내몰린 이들을 보듬는 쉼터였던 PAH는 시민운동단체로서 새로운 정치참여의 동력을 만들어냈다. ©Andrea Ciambra

그런 외로움과 서러움을 함께 나눌 수 있는 곳이 PAH입니다. 이 단체를 통해 만난 사람들은 둥그렇게 둘러앉아 서로의 아픔을 위무하고 격려합니다. 집에서 쫓겨나는 사람들을 보호하기 위해 집단행동을 하기도 하고, 약자들에게 과도한 공권력을 행사하는 지방정부와 은행측에 대립각을 세우며 국가와 사회의 책임을 주지시키는 역할을 수행합니다.

풀뿌리의 힘은 거기 있습니다. 여리고 가는 뿌리들이 서로 얽혀 서로를 지탱함으로써 스스로 강해집니다. 그런 과정을 거치며 PAH는 곧 전국에 200여 개 이상의 지부를 둔 강력한 대중조직으로 성장했습니다. 당시 PAH 대변인으로 활동하던 아다 콜라우는 이 다큐멘터리에서 다음과 같이 말합니다.

> PAH에서 우리가 맞닥뜨리는 가장 큰 장벽은 외로움과 공포입니다. 병든 사회에 살고 있는 우리에게 가장 치명적인 질병은 가난에 주눅드는 것입니다. 세상은 모든 것을 잃은 사람에게 "이건 네 잘못이야!"라고 손가락질하면서 가난을 부끄러워하게 만듭니다. 이것은 수많은 사람들에게 씻을 수 없는 정신적, 신체적 상처를 남깁니다. 다행히도 PAH 멤버들은 가난이 온전히 개인의 탓이라는 주장을 거부하기 시작했습니다. 이것이 우리의 가장 값진 승리입니다.[9]

2014년 6월, 바르셀로나의 PAH 멤버들과 긴축반대운동에 열성적으로 참여했던 시민들은 이듬해 지방선거를 앞두고 새로운 정당을 발족시킵니다. 이들이 기존 정당에 기대지 않고 새로운 정치세력을 형성하기로 한 까닭은, 민의를 대변하지 않고 특권계급으로 변모한 주류 정당으로는 도저히 자신들의 문제를 풀 수 없을 것이라고 보았기 때문입니다. 온라인 플랫폼을 기반으로 급성장

Key Word
긴축반대운동
15M운동 혹은 '분노한 사람들'이라는 뜻의 인디그나도스Indignados운동이라고도 한다. 정부의 긴축정책 반대, 기성정당의 정치적 특권 타파, 부패 척결 등을 내세우며 일어난 대중운동.

한 포데모스Podemos를 비롯한 5개 신생·군소정당, 그리고 정당에 소속되지 않은 풀뿌리 지역네트워크와 활동가들, 양심적 학자와 전문가 들이 고루 참여한 이 선거연합이 바로 바르셀로나 엔 코무입니다. 바르셀로나 엔 코무를 국내 일부 언론에선 '좌파연대'라고 칭하기도 했지만, 이는 정확한 표현이 아닙니다. 바르셀로나 엔 코무는 이념적 연대체라기보다는 풀뿌리 시민정치를 지향하는 새로운 형식의 정치결사체입니다.

녹색당, 포데모스 같은 군소정당이 포함되어 있지만, 엔 코무의 가장 열성적 참여자들은 PAH나 동연합회Neighborhood Association 같은 시민자치조직에서 나왔습니다. 이들은 좌나 우, 진보와 보수 같은 이데올로기 아래 뭉친 것이 아닙니다. 다양한 그룹 간의 그리고 개인 간의 느슨한 연대와 역동성을 존중하면서 수평적으로 연대했고, 그 덕분에 민의를 신속하고 효과적으로 직접 수용할 수 있는 의사결정 시스템을 갖추게 되었습니다. 바르셀로나 엔 코무를 향한 시민들의 폭발적 지지 역시 이로부터 비롯되었습니다. 아다 콜라우가 시장이 된 뒤 원칙을 지키며 강단 있는 지도력을 발휘할 수 있었던 것도 그에게 바르셀로나 엔 코무 같은 든든한 '빽'이 있기 때문입니다.

그래서 바르셀로나 엔 코무에는 시민들에 의해 선출된 '대표'는 있어도 군림하는 '총재'는 없습니다. 아다 콜라우 스스로도 자신은 외부에 가장 많이 노출된 '얼굴 마담'일 뿐, 자기가 당의 중심이나 상부가 아니라고 틈날 때마다 강조했습니다. 그녀는 바르셀로나 엔 코무의 승리에 가장 크게 기여한 인물로 꼽히지만, 독선적인 결정을 내리거나 고집을 부리면서 당을 장악하려 든 적이 없습니다. 바르셀로나 엔 코무는 당내 모든 제안과 결정을 시민참여에 기반해 진행하는 것을 원칙으로 하기 때문입니다.

바르셀로나 엔 코무 안에서 자발적으로 벌어지는 시민참여와 헌신은 그 자체로 신선한 돌풍이었습니다. 솜코문스^{SomComuns}라는 온라인 그룹은 트위터와 페이스북으로 바르셀로나 엔 코무를 지지하는 선거캠페인을 벌였고, 지역 예술가들과 디자이너들이 만든 'MLGB(바르셀로나의 그래픽 해방을 위한 운동)'라는 단체는 페이스북 페이지에 바르셀로나 엔 코무를 지원하는 그림과 웹툰을 올렸습니다. 고용된 선거운동원이 아니라, 풀뿌리 정당의 지지자로서 선거운동을 하고 그것을 동력 삼아 계속해서 더 많은 사람들의 참여를 이끌어내는 연쇄작용을 일으킨 것이지요.

아다 콜라우 역시 이것을 누구보다도 잘 알고 있었습니다. 2015년 5월 기성정당을 제치고 바르셀로나 엔 코무가 제1당으로 선거에서 승리했을 때 그녀는 많은 자발적 선거운동원들에게 다음과 같이 감사의 뜻을 표했습니다. "우리의 승리는 정치가 다르게 운영될 수도 있다는 걸 보여준 수천 명의 노고 덕분입니다."[10]

그들의 승리는 단순히 집권 정당의 교체가 아니라 그간 불문율로 여겨졌던 정치의 공식을 깬 새로운 실험의 성공이었습니다. 정치권과 연결된 유력한 인물, 막강한 자금력, 오랫동안 공들여 만든 조직이 있어야만 이길 수 있다는 공식을 깨고 완전히 다른 방식의 시민참여를 통해 선거에서 승리한 것이지요.

바르셀로나 시의회는 어떻게 구성되어 있나

스페인은 입헌군주국으로, 국왕은 상징적인 존재이며 정치적 실권은 총리가 갖고 있는 내각제를 채택하고 있습니다. 의회는 상원과 하원으로 나뉘는데 상원은 주 단위의 자치 행정을 책임지고, 국가 전체의 행정은 하원이 담당합니다.

권역별 비례대표제로 치러지는 하원의원 선거에서 과반의석을 확보한 제1당 또는 정당연합의 대표가 국왕에 의해 총리 후보로 지명됩니다. 이렇게 지명된 후보가 의회에서 총리로 취임하는 형식적 절차를 거쳐 우리나라의 대통령과 같이 국가 행정을 책임지는 역할을 맡게 됩니다.

재미있는 점은 마드리드나 바르셀로나 같은 도시의 지방정부들 역시 중앙정부처럼 내각제 방식을 채택해, 시의회에서 간선으로 시장을 선출한다는 점입니다. 비례대표선거로 시의원들을 뽑고, 이 시의원들이 선거를 통해 의원 중 한 명을 시장으로 선출합니다.

2015년 5월 13일 치러진 바르셀로나 시의원 선거에서 바르셀로나 엔 코무는 17만여 표, 25% 득표율로 전체 41석 가운데 11석을 차지해 1당이 되었습니다.[11]

뒤이어 치러진 간선에서 아다 콜라우 또한 바르셀로나 엔 코무 이외에 사회당 등 다른 당 소속 시의회 의원들의 지지를 추가로 확보해 전체 41표 가운데 21표를 얻어 시장으로 최종 선출된 것이지요.

1당을 차지한 바르셀로나 엔 코무 소속 시의원들의 면모를 살펴보면 공통점이 있습니다.[12] 크든 작든 지역의 구체적인 이슈, 약자와 소수자 권익 보호, 주민자치권 확대 등을 위한 운동에 참여한 경력이 있다는 사실입니다. 우리가 알고 있는 '지역정치인'들은 대개 사업체를 운영하거나 중앙 정계로 진출하기 위해 일시 귀향한 엘리트인 경우가 많습니다만, 엔 코무의 시의원들은 그런 모습과 거리가 있습니다.

현재 부시장으로 일하고 있는 헤라르도 프라도스^{Gerardo Prados}는 바르셀로나 대학에서 헌법학을 가르치다가 시의원이 되었습니다. 그런데 그는 스페인 사람이 아니라 아르헨티나 사람으로, 그의 아버지가 아르헨티나 민주화운동 과정에서 실종된 가족사가 있습니다. 또다른 엔 코무 소속 시의원인 갈라 핀^{Gala Pin}은 관광산업으로 부동산 가격이 폭등하면서 지역민들의 삶이 황폐해지는 것을 막기 위한 운동을 펼쳐왔습니다. 하네트 산스^{Janet Sanz}라는 시의원은 대학 시절에는 국립대학을 지키기 위한 활동에 참여했고, 이후에는 녹색당과 여성주의 단체 소속으로 상수도 민영화 반대운동을 펼쳤습니다.

요컨대 바르셀로나 엔 코무 소속 정치인들은 저마다 자기 문제를 해결하기 위해 활동하는 과정에서 '리더'로 부상한 인물들입니다. 그러니 시민들이 이들을 지지하는 것은 당연한 일이겠지요. 아다 콜라우를 비롯한 현직 바르셀로나 시의원들은 자신의 야망을 위해서 능력을 부풀리거나 봉사하는 척하지 않고 최선을 다하는 모습을 통해 시민들의 신뢰를 얻었습니다. 또한 그 과정에 모두가 참여할 수 있는 시스템을 마련하여 시민들을 정치적 주체로 초대한 결과, 크고 작은 시민그룹의 에너지를 선거 승리의 직접적인 동력으로 만들어낼 수 있었습니다.

광장의 열기는 어떻게 정치가 되었나

바르셀로나 엔 코무의 승리는 시민들에게는 '환희와 열광'을 안겨주었지만 기성정치권에는 그야말로 '충격과 공포'였습니다. 아다 콜라우가 바르셀로나 시장에 취임할 때, 24년간 집권 여당인 국민당의 아성이었던 수도 마드리드에서는 '아오라 마드리드'라는 신생정당이 반부패운동의 상징인 법관 출신의 마누엘라 카르메나를 시장으로 당선시켰습니다. 같은 시기 스페인 북동부 최대 도시 사라고사에서는 '사라고사 엔 코문Zaragoza en Comun'이, 북서부 라코루냐에서는 '마레아 아틀란티카Marea Atlantica'가 새로운 집권 정당이 되었습니다.

놀랍게도 이 정당들은 모두 역사가 1년이 채 되지 않는 신생 시민정치연대 성격의 정당들로 지역의 풀뿌리 시민네트워크와 군소정당, 시민, 전문가의 연합조직입니다. 지난 수십 년간 스페인 정치를 장악해온 양대 정당은 국민당PP과 사회노동당PSOE이었는데, 이에 맞서는 제3세력을 형성하고 후보를 내서 승리를 거둔 것이지요.

이들 신생 지역정당들은 공통적으로 스페인 15M운동Movimiento 15M에 뿌리를 두고 있습니다. 스페인 군중이 2011년 5월 15일 '정부의 긴축정책 반대, 실업 문제 해결, 빈부격차 해소, 부패 척결, 기성정당의 정치적 특권 타파'를 주장하며 들불처럼 분노하며 일어섰다고 해서 붙여진 이름입니다. 우리나라에도 번역 출간되어 큰 화제를 모은, 프랑스 레지스탕스 출신 스테판 에셀의 『분노하라』가 일으킨 사회적 신드롬과도 맞물려 있죠. 15M운동은 같은 해 9월 뉴욕의 주코티 공원에서 시작된 월가 점령Occupy Wall Street 시위의 모태가 될 만큼 파급력이 큰 운동이었습니다. 2016년 현재 스페인 제3당으로 당당히 성장한 포데모스 역시 이 15M운동 과정에서 등장했습니다.

성난 군중의 아우성은 아우성으로 끝나지 않았습니다. 전국 곳곳에서 지역별 모임을 만들어서 주거와 실업, 환경 문제 해결, 부패 척결, 정치개혁을 위한 다양한 요구를 쏟아내기 시작했습니다. 정치색도 조금씩 다르고 소속된 단체나 정당도 달랐지만, 이들은 각자의 다양한 요구를 한데 모음으로써 '시냇물이 모여 큰 강물을 이루듯이' **콘플루엔시아**를 형성하고 선거에서 승리를 거머쥠으로써 독자적 정치주체로 우뚝 섰습니다. 이에 대해 프랑스의 르몽드는 시민 주도 정치연대에 의한 스페인의 지방선거 승리를 "정치적 지진political earthquake"이라고 대서특필했습니다.[13]

이들 콘플루엔시아의 목표는 단순한 정권 교체가 아니었습니다. 바르셀로나 엔 코무가 공표한 것처럼, 그들의 목표는 "한 정당에서 다른 정당으로 집권당을 교체하는 것이 아니라, 게임의 룰 자체를 바꾸는 것"이었습니다. 정치와 선거 전반에 걸친 기존의 관행과 제도를 바꾸지 않고 단순히 인물을 교체하는 것만으로는 기성정치권의 해묵은 부패와 특권 남용의 폐단을 근본적으로 뿌리뽑을 수 없다고 본 것입니다.

이들이 새로 도입하고자 한 '게임의 룰'은 15M운동에서 발현된 경이적인 군중의 힘을 정치적으로 제도화하되, 수평적 연대와 상향식 의사결정을 최대한 반영한 혁신적 방식입니다. 저항의 광장이라는 의미를 삶의 현장에서, 서로를 깨우치고 위로하고 격려하던 방식으로 정치를 재조직한 것입니다. 정치 생태계의 판을 새로 짜지 않으면 시민운동의 동력이 희석되고 화석화되고 만다는 점

Key Word
콘플루엔시아confluencia
다양한 정파 및 집단, 개인의 정치적 연대체. 여러 지류가 하나로 합류함을 뜻하는 말로, 스페인 시민정치운동에서는 각 집단의 정체성을 유지하면서도 아래로부터의 의사결정을 통해 합일된 정책을 만들어나가는 것을 뜻한다.

15M운동은 스페인 전역에 걸쳐 650만~800만 명에 달하는 국민이 참여할 정도로 높은 열기를 띠었다. ⓒLaboratoire Urbanisme in Surrectionnel

을 누구보다도 우려한 시민들이 스스로 제도적 대안을 만들어낸 것이죠.

　우선 바르셀로나 엔 코무는 풀뿌리 정당답게 선거 자금부터 크라우드펀딩 방식으로 모았습니다. 8만 유로(약 1억원)를 목표로, 1인당 적게는 10유로에서 최고 5000유로까지 선거 후원금 상한선을 두었습니다. 후원을 한 사람들에게는 답례품으로 바르셀로나 엔 코무의 로고가 담긴 천가방과 티셔츠를 선물해서 선거캠페인에 활용될 수 있도록 했지요. 그렇게 해서 목표액을 초과하는 9만 유로를 모금했습니다.[14] 선거공약도 시민들의 집단지성을 활용해 만들었습니다. 선거공약 작성에는 온라인과 오프라인을 모두 합해 5000명 이상이 참여했는데,[15] 집단적 수정과 투표를 거쳐 만들어진 이 공약들은 한 달에 두 번 열리는 바르셀로나 엔 코무의 총회에서 최종 확정되었습니다.

조직적, 정책적, 윤리적 측면에서 기성정치권의 행태와는 다른 새로운 게임의 룰, 정당 시스템을 기반으로 제도화한 콘플루엔시아는 바르셀로나뿐 아니라 스페인 곳곳에서 등장해 기존 양당제를 뒤흔들면서 무당파층과 다양한 시민그룹을 포괄하는 새로운 정치세력을 등장시켰습니다. 콘플루엔시아는 지역별로 그것을 구성하는 하위그룹과 인물들은 각기 다르지만, 크게 세 가지 공통된 특징을 가집니다.

콘플루엔시아의 특징 1
연대하되 흡수하지 않는다 ⌄

첫째, 콘플루엔시아는 거기에 참여한 모든 그룹의 다양성을 보장합니다. 지역을 막론하고, 모든 콘플루엔시아는 다양한 색깔과 규모의 정당이나 그룹이 서로를 흡수하거나 통합하지 않고, 각자의 색깔을 유지한 채로 수평적 정치연대를 이루는 데 역점을 둡니다. '헤게모니'를 쥔 계파가 권한을 이용해 나머지 구성원들을 일방적으로 주무르는 방식이 아니라는 뜻입니다.

바르셀로나 엔 코무의 경우, 5개의 군소정당이 포함되어 있습니다. 하지만 당의 기반은 15M운동의 풀뿌리 조직들, 예컨대 PAH와 같은 주거권운동단체와 노동, 여성, 문화예술단체의 구성원들입니다. 다양한 정당과 비정당적 시민조직을 통폐합하기보다, 각각의 정체성을 최대한 보장하면서 아래로부터 의제를 모아 조율하고 주제별 토론으로 정책 담론을 풍성하게 하는 방법을 택한 것이죠.

바르셀로나 엔 코무가 다양한 정파나 집단 간의 협의 및 연대에 각별한 관심을 가지는 이유는 그것이 다양성 속에서 최선의 합의점을 찾는 유효한 방식이자 시민들의 참여와 관심을 지속시키는 원동력이기 때문입니다. 강물로 합쳐지는 시냇물들의 원류를 유지하면서 하나의 큰 줄기로 모아낼 때, 시민들은 정치적 효능감을 느끼고 시간과 노력을 들여 의사결정 과정에 참여할 수 있습니다.

바르셀로나 엔 코무의 집행부는 상급기관으로서 일방적 지시나 계도를 하는 것이 아니라 연합회의를 제안하거나 주제별 분과위원회의 요구를 '조정 및 협의general coordination'하는 데에 중점을 둡니다. 전략적 결정이나 내부조직 운영에 대한 중요 사항은 모든

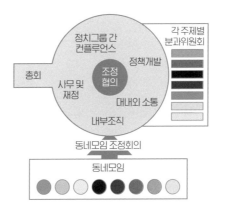

구성원들에게 참여 기회가 열려 있는 총회에서 결정합니다. 소수 당료로 구성된 중앙위원회나 최고위원회가 중요한 의사결정을 하는 기존 정당들과는 사뭇 다른 모습입니다.

우리 정치사에서도 분당과 합당이 빈번하게 이루어졌습니다. 하지만 세력의 크기에 따라 큰 집단이 작은 집단을 흡수하고 복속시키는 형태로 나타난 경우가 많습니다. 새로운 구성원을 규격화된 블록으로 재편해서 본래의 성채를 유지하려고 하는 것이 우리가 봐온 기존 정당의 시스템이라면, 바르셀로나 엔 코무의 콘플루엔시아는 원래의 돌멩이 색깔과 모양 그대로 켜켜이 잇대고 포개서 돌담을 쌓는 구조라고 할 수 있겠죠. 이로써 돌멩이 하나하나가 가진 다양성을 최대한 살리고, 현장의 요구를 보다 직접적으로 정치와 행정에 반영합니다.

> ## 콘플루엔시아의 특징 2
> 아래로부터의 의사결정에 의한 정책수립   ⌄

이렇게 많은 그룹들이 느슨하게 연결된 조직 내에서 중구난방으로 터져나오는 다양한 목소리들을 어떻게 단일한 정책과 노선으로 다듬어낼 수 있을까요? 느슨한 수평적 연대에서 배가 산으로 가지 않으려면 무엇이 필요할까요? 그 답은 바로 투명하고 공개적인 의사결정 방식에 있습니다.

　　바르셀로나 엔 코무의 선거공약 결정 과정을 볼까요? 우선 주제별 분과위원회로부터 44개의 정책 제안을 모았습니다. 그리고 이 44개의 초기 제안에 대해 온라인 의사결정 플랫폼(데모크라시OS)을 사용해 시민들이 수정안을 올리거나 직접 새로운 제안을 건의할 수 있도록 했습니다. 분과위원회를 거치지 않고 데모크라시OS에 새로 올라온 개별 제안들 중에서 가장 많은 지지를 받은 16개를 추리고, 수정·발전된 초기 제안 44개를 합쳐 총 60개의 정책 제안을 모았습니다. 다음 단계에서는 '아고라 보팅agora voting'이라는 온라인 투표를 통해서 가장 긴요하다고 뽑힌 순서대로 정

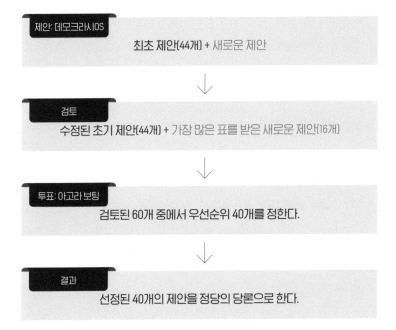

제안: 데모크라시OS
최초 제안(44개) + 새로운 제안

↓

검토
수정된 초기 제안(44개) + 가장 많은 표를 받은 새로운 제안(16개)

↓

투표: 아고라 보팅
검토된 60개 중에서 우선순위 40개를 정한다.

↓

결과
선정된 40개의 제안을 정당의 당론으로 한다.

책의 우선순위를 정했습니다. 그 과정을 거쳐 60개 정책 가운데 가장 많은 지지를 받은 40개의 정책 제안을 바르셀로나 엔 코무의 선거공약으로 내걸었습니다. 공약의 제안부터 최종안 마련까지 토론과 투표 과정에 참여한 사람은 5000명 이상입니다.

바르셀로나 엔 코무는 추가예산이 많이 들지 않으면서 당장 시행이 가능한 것들을 묶어서 집권 후 한 달 내에 시행할 '긴급계획 Emergency Plan'이란 제목의 백서를 작성했습니다. 여기에는 고용 창출과 직업훈련 프로그램, 주택담보대출 피해자들의 강제 퇴거 금지와 은행 재협상, 공공재 부문 민영화 프로젝트 재검토 같은 사항들이 포함됐습니다.

시민들로 하여금 공약의 우선순위를 판단하고 그 결정 과정에 참여할 수 있도록 하는 건 중요한 의미가 있습니다. 서로 다른 이해관계에 따라 의견이 엇갈릴 수 있는데, 제안 단계에서부터 시민이 참여하여 정책의 우선순위를 조정해나갈 경우 집행의 정당성을 확보하는 것은 물론 시민들의 만족도도 그만큼 높아집니다. 또한 이런 시민참여형 정책결정 방식을 택하게 되면 제대로 실행하기도 힘들뿐더러 주민들의 삶의 질을 개선하는 데에도 별로 도움이 되지 않는 정책들을 공약이라고 내거는 것을 막을 수 있습니다.

노인을 만나면 노인연금을 올려주겠다고 하고, 청년을 만나면 청년 일자리를 늘려주겠다고 하고, 기업을 만나면 규제를 풀겠다고 하고, 좋은 건 다하고 부담은 안 지우겠다는, 자가당착적이고 모순적인 공약이 남발되는 경우가 우리 사회엔 흔합니다. 상대 후

보가 말하는 것은 다 따라 하고 덤까지 얹어서 선심을 남발하는
이들에게 공약公約은 공약空約이 되기 십상이지만, 처음부터 공개적
인 온라인 투표를 거치면서 작성된 공약은 시민과의 엄정한 합의
문이 됩니다.

콘플루엔시아의 특징 3 복종에 의한 통치	⌄

공약을 엄중한 약속으로 지켜지도록 강제하는 바르셀로나 엔 코
무의 또다른 장치는, 선거에 입후보하는 모든 개인과 당직자 들
에게 엄격한 윤리규약을 지킬 의무를 부과하는 것입니다. 바로
이 윤리규약이 콘플루엔시아의 세번째 특징인 '복종에 의한 통치
Governing by obeying'입니다. 이 윤리규약에 복종하기로 서약한 후보들
만 선거나 공직에 나갈 수 있으며, 약속을 지키지 않을 경우 당적
을 박탈당할 수 있기 때문에 반드시 준수해야 합니다.
　윤리규약 역시 정책수립 과정과 마찬가지로 크라우드소싱으로
만들어졌습니다. 2014년 10월 10일과 11일, 바르셀로나 엔 코무

Key Word
크라우드소싱crowd sorcing
대중과 아웃소싱의 합성어로 서비스나 제품, 아이디어 등을 발전시키는 과정
에 대중이 직접 참여하는 방식. 주로 온라인을 통해 이루어지는 경우가 많다.

는 1차 작성된 윤리규약을 놓고 온라인 플랫폼에서 집중 공개토론과 다양한 수정 제안을 진행했습니다. 그리고 그 의견을 수렴해 최종적으로 윤리규약이 확정되었습니다.

복종에 의한 통치—정치윤리규약

이 문서는 우리의 정치혁명을 해나가는 데에 필요한 방편을 작성한 것으로, 선거에 당선되었거나 정무직으로 임명된 사람들이 준수해야 하는 구체적인 행동지침이다.

이 규약은 책임정치와 민의를 잘 반영하는 정치 시스템을 만들고, 재정 운영의 투명성을 높이며 정책결정 과정에서 시민들의 참여를 보장하기 위한 것이다.

1. 정치적 대표성의 민주화, 감사監查와 책임

   - 후보 시절의 선거공약을 지킨다.
   - 누구와 만나 무엇을 논의했는지 업무상 일정과 회의록을 공개한다.
   - 재산 내역을 공개한다. 이것은 공직을 떠난 뒤 3년 후까지 적용된다.
   - 지명직 공직자를 뽑는 기준을 공개한다.
   - 공약을 정당한 이유 없이 제대로 실행하지 못한 경우에는 견책이나 파면을 받아들인다.
   - 공직에 종사한 사람은 유관기관에 취업할 수 없다. 이것은 공직을 떠난 뒤 5년 후까지 적용된다.
   - 취약계층과 정기적으로 만나 그들의 이야기를 청취하고 응답한다.

앞서 아다 콜라우가 공식 블로그를 통해 자신의 모든 일정을 공개하는 것도 이 윤리규약에 따른 것임을 알 수 있습니다. 윤리규약에서는 또한 모든 공직자의 봉급 상한액을 월 2200유로(약 289만 원)로 제한하고 회의비를 따로 책정하지 못하도록 했는데, 콜라우 시장은 여기서 더 나아가 시의원과 고위 공무원의 관용차도 없애도록 조치했습니다. 모두 정치인의 특권을 배제하고 정치의 직업화professionalization of politics를 막기 위한 조처입니다.

정치적 색깔과 온도가 다른 다양한 그룹과 개인들로 구성되어 있는 바르셀로나 엔 코무가 지금껏 내부 분란 없이 임무를 수행해온 데는 이런 강력한 윤리규약이 큰 역할을 합니다. 윤리적으로 자기 정체성을 확고히 다짐으로써 기성 정치세력과 명확히 차

별화하는 것이지요. 그것은 자칫 흐트러질 수 있는 내부를 단속하고, 시민들의 지지 기반을 강고하게 합니다.

깜짝 놀랄 만한 일은, 우리 대한민국에도 이와 유사한 공무원 윤리헌장과 행동강령이 존재한다는 사실입니다. 공무원 승급시험에서도 이걸 달달 외워야 한다는데, 다 외지 않아도 좋으니 제대로 지키려는 모습이라도 보여주면 참 좋겠습니다. '복종함으로써 통치하는 것'까진 못 하더라도 '통치함으로써 복종시키려는 자세'는 정산해야 하지 않을까요?

새로운 바르셀로나, 이제부터 시작이다 ⌄

지방선거에서 승리하여 시정을 책임지는 집권 여당이 된 바르셀로나 엔 코무는 집권 이후 4년을 '4번째 국면^{La Fase D}'이라 칭하고 새로운 조직구조에 관한 규정을 통과시켰습니다. 이 문서에는 단순히 조직규정뿐 아니라 바르셀로나 엔 코무가 지향하는 새로운 바르셀로나의 모습이 담겨 있습니다. 이와 관련된 내용 일부를 옮기면 아래와 같습니다.

우리는 선거에서 승리하였고, 시민그룹은 시정의 선두에 섰다. 앞으로 4년 간 새로운 도전들을 맞이하여, 시민들의 참여를 확산시키고 올바른 정책 시행을 통하여 바르셀로나를 다음과 같은 방향으로 변화시키고자 한다.

- 불평등에 맞서 싸움으로써, 누구나 행복한 삶을 추구할 수 있도록 기본권을 보장하는 도시
- 공공부문 민영화, 비정규직 확대, 인종 차별을 막아냄으로써 협력적이고 지속 가능한 경제/사회/문화 활동 들을 증진시키는 도시
- 모든 시민에게 더 큰 우애와 인간미로 다가가고, 인간과 자연을 보호하는 도시
- 열린 민주주의를 만들기 위해 의사결정과 도시 운영/디자인 과정에서 집단지성을 활용하고, 잘못된 관행을 타파함으로써 덜 관료주의적이고 더 효과적인 방향으로 시민들이 가진 구체적 문제를 해결하는 도시

항상 그랬듯, 시간은 부족하나 우리가 맞닥뜨린 도전들은 무척 거대하다. 하지만 함께 협력해나간다면 해낼 수 있다. 이를 위해 우리는 다음과 같은 과정을 계획하고자 한다. 새로운 조직과 팀 모델을 바르셀로나 시와 당내에 만들고, 참여 방법을 개발하고, 의회와 구청을 통해 행정을 집행해 나가면서 시민들과 함께 그것을 조율하고 평가한다.

40%에 달하는 유권자들이 투표하지 않았다는 사실, 따라서 바르셀로나 엔 코무는 겨우 15%가 넘는 사람들의 지지를 받았을 뿐이라는 사실을 잊지 않을 것이다. 따라서 시민들의 참여를 확대하는 것, 투명하고 합리적인 방법으로 우리의 실천을 명시함으로써 바르셀로나를 사랑하는 모든 사람의 공감과 참여를 이끌어내는 것이 무엇보다도 중요하다.[16]

이런 '공감과 참여'를 호소하기 위해 아다 콜라우는 다양한 방법

으로 시민들과 만나고 있습니다. 바르셀로나 시 홈페이지는 일방적 시정 홍보가 목적이 아니라 정보공개와 정책수렴을 위해 디자인되어 있습니다. 또한 아다 콜라우는 SNS와 개인 블로그를 통해 직접 시민과 소통합니다. 일례로, 최근 아다 콜라우는 자신의 고향과도 같은 PAH로부터 주거권 보장 문제 해결에 더 적극적으로 나서달라는 요청을 받고 자신의 블로그에 편지 형식의 답변서를 올렸습니다. 콜라우는 이 편지에서 "노력하겠다"는 뻔한 답변이 아닌 구체적인 정책 약속으로 답했습니다. 모두 열 가지로 이루어진 정책 약속 중 대표적인 것은 주택담보대출 피해자들에 대한 긴급 자금지원의 규모와 지원요건 완화, 압류한 집을 보유하고 있는 은행과의 협상을 통한 소셜하우징 확대, 빈집제공조례를 위반한 은행들에 대한 과태료 부과 조치 강화, 취약계층 수도·전기·가스비 지원 및 관련 업체들의 단전·단수 조치 유예요청 등입니다.[17]

위기에 처한 시민들, 사회적 약자들을 위해 주어진 권한을 최대한 활용하고 그들을 대신해 기업과 은행 들과 협상에 나서는 정치인의 모습은 당연한 것임에도 현실에서는 보기 드물었습니다. 그러나 바르셀로나에서는 실제로 그런 일이 일어나고 있습니다. 경제를 살려야 한다는 핑계로 기업에 혜택을 몰아주고는, 국민들에게 단합과 인내를 요구하는 우리나라의 풍경과 사뭇 다른 모습이 부럽기도 하고 감동적이기도 합니다. 바르셀로나 엔 코무는 앞으로 가야 할 길이 멀지만, 적어도 시민이 중심이 되는 진짜 정치를 원하는 사람들에게는 분명코 시사하는 바가 적지 않을 것입니다.

바르셀로나 엔 코무에 관한 이야기를 마무리하면서 그들이 '집권 여당'이 되기 전에 발표했던 성명서의 한 부분을 소개해드리고 싶습니다. 바르셀로나 엔 코무는 새롭게 작성한 조직규약에 "이 부분을 삭제한다"고 명시했지만, 그 정신만큼은 구체적인 조직구조와 정책을 통해 생생하게 남아 있는 것 같습니다.

우리가 마주한 모든 문제를 해결할 마법의 주문은 없었다. 우리는 계속해서 두려움을 떨치고 문제를 풀 방법을 찾아갈 것이다. 지난 과정에서 얻은 교훈들은, 우리 스스로 뚜렷한 목표와 구체적인 실천 계획을 조직할 때 불가능해 보이는 목표를 성취할 수 있다는 것을 알려주었다.

우리는 역사상 한 번도 겪어본 적 없는 심각한 위기에 처해 있다. 우리는 과감하고 창의적인 첫걸음이 요구되는 매우 중요한 시기를 보내고 있다. 우리에게 새로운 도시를 상상할 능력이 있다면, 그러한 도시를 만들 수 있는 힘 역시 갖고 있다.

우리는 선거에서 승리하여 지역과 일터와 문화계에 소속된 사람들을 위해 제도를 변화시킬 조직, 바르셀로나 엔 코무를 설립한다. 우리는 연정이나 한갓 허황된 말을 원하는 것이 아니다. 오래된 게임의 규칙을 바꾸고 새로운 공간을 만들어, 모든 사람들의 정체성을 존중하고 단순한 산술적 합을 뛰어넘는 무언가를 만들고자 한다. 우리는 바르셀로나가 이미 그것을 가능케 할 조건을 갖추었다고 믿는다.[18]

스페인 15M운동과 시민정당의 출현

―

2007년 미국발 금융위기로 세계 경제는 대공황에 버금가는 충격에 휩싸입니다. 부실채권에 거액을 투자한 초거대은행과 금융회사들이 도산하거나 파산 직전에 몰리고, 수백만 명의 사람들이 집과 직업을 잃고 거리로 내몰렸습니다. 부도위기에 놓인 은행들을 구제하기 위해 미국과 유럽 각국은 막대한 재정지출을 불사합니다. 세계 경제는 이때부터 대침체Great Recession로 불리우는 장기 불황에 빠지게 됩니다.

　유럽 역시 예외일 수 없었습니다. 특히 '피그스'(PIIGGS: 포르투갈, 아일랜드, 이탈리아, 영국, 그리스, 스페인) 국가들의 위기가 심각했습니다. 이 여섯 나라는 공통적으로 막대한 국가 부채를 안고 있었고 정부 재정 역시 적자를 기록하고 있었습니다. 사태가 위험하다는 것을 깨달은 유럽연합 집행위원회EC, 유럽 중앙은행ECB, 국제통화기금IMF은 채권그룹 트로이카를 형성하고 그리스, 아일랜드, 포르투갈, 키프로스 4개국에 대해 긴급 구제금융을 실시하는 대신 혹독한 재정긴축정책을 요구하게 됩니다. 우리 돈 빌리는 대신에 허리띠를 졸라매서 갚을 의지를 보이라는 것이었죠.

　구제금융을 받고 긴축정책을 실시한 나라들은 의료, 교육, 교통, 치안 등 공공서비스와 노약자와 사회 소외계층에 대한

복지 혜택을 축소했습니다. 구제금융을 받진 않았지만 역시 재정위기가 거론되던 스페인 역시 비슷한 정책을 실시했습니다. 경기 불황으로 실업자가 늘고 소비는 얼어붙은 상황에서 복지정책마저 축소되자 취약계층뿐 아니라 중산층의 삶도 무너지기 시작했습니다. 부동산 투기로 파산한 은행가들은 국민 혈세로 구제하면서 정작 자신들은 긴축정책으로 고통받아야 하는 상황에 스페인 국민들은 분노하기 시작했습니다.

이 분노가 폭발한 사건이 바로 15M운동입니다. 이 시위에는 스페인 58개 도시에서 600만 명이 넘는 국민이 참여했습니다. 스페인 인구가 4500만 명이니, 6명 가운데 1명이 참여한 셈입니다. 하지만 15M운동이 열린 2011년 11월 총선에서 스페인 의회는 여전히 우파 정권이 집권하게 됩니다. 1975년 독재자 프란시스코 프랑코Francisco Franco의 사망 이후 30여 년간 국민당과 사회노동당 양당 구도에 갇힌 스페인 정치의 양상이 또다시 유지되는 것처럼 보였지요. 2012년과 2013년을 거치는 동안 견지한 긴축정책의 기조에다, 공공지출 및 복지재정의 삭감과 고용유연화 추진, 국민당 정권의 강경한 시위 진압으로 국민들의 불만은 점점 더 높아졌습니다. 특히 기성정치권에 대한 불신이 높아지면서 새로운 정치세력의 필요성에 대한 공감대가 확산되어갔습니다.

2015년 5월 지방선거에서, 기성정당의 무능과 무책임에 분노와 회의를 느낀 시민들의 에너지는 놀라운 결과를 만들어냅니다. 듣도 보도 못한 신생정당들이 스페인 주요 도시들에서 1당을 차지하거나 연정을 통해 시장을 탄생시킨 것입니다. 그 외에 발렌시아, 세비야, 말라가 등 거의 모든 스페인 도시에서 풀뿌리 기반의 시민그룹이 조직한 연합정당이 시의원 당선자를 배출했습니다.[19]

새로운 인물과 색깔로 시민들의 지지를 결집한 스페인 신생정당들의 탄생에는 일정한 패턴이 있습니다. 이들은 우선 공동의 성명서를 작성하여 이를 공표한 다음, 이에 동의하는 많은 그룹들로 선거연합을 구성하여 시민 후보를 선출하는 과정을 거쳤습니다. 이러한 신생 연합정당들의 성장경로나 의사결정 모델은 그 자체로 특별한 것은 아닙니다. 민의를 가장 잘 대변할 수 있는 정당구조와, 대표자를 만들 수 있는 가장 확실하면서도 자연스러운 방식을 찾다보니 바로 상향식 온라인 의사결정 시스템이나 다양한 시민그룹의 수평적 연대라는 방법을 채택한 것이라고 볼 수 있습니다. 무엇보다도 정치를 바꾸고자 하는 시민들의 열망과, 다양한 그룹들의 의사결정을 효과적으로 하기 위한 시민들의 자발적인 노력이 스페인 정치를 변화시킨 가장 중요한 원동력일 것입니다.

2장 정치인 급구, 경력자 사절
─이탈리아의 오성운동

🔍

그들을 쫓아내야 한다. 이제 이 빌어먹을 마법에서 빠져나와야만 한다. 그
한 무더기의 허상들은 우리에게 아무런 쓸모도 없다. 그들은 오직 자신들
을 위해서만 존재할 뿐이다. 이 병든 마법을 없애는 방법은 아주 간단하다.
몇 개의 부적만 있으면 된다. (…) 이탈리아 의회 혹은 유럽 의회 의원이 단
한 번만 연임할 수 있게 하는 국민법 제정이 그 부적이다. (…) 우리 인생에
도움 안 되는 정치인들과 평생직장인 공무원들도 이제 그만!

— 베페 그릴로[1]

이탈리아 정치에 새로운 별이 뜨다   ⌄

2040년의 영국. 거리 곳곳엔 카메라와 녹음장치가 설치되어 있고, 언론을 통해 세뇌당한 시민들은 세상이 잘못되었다는 것을 깨닫지 못한 채 생활을 이어간다. 이러한 왜곡된 질서를 바로잡기 위해 가면을 쓴 의문의 'V'가 악을 응징하고 사회를 구하는 혁명을 일으킨다.

2005년에 개봉했던 SF영화 〈브이 포 벤데타〉의 줄거리입니다. 그런데 이 영화와 비슷한 일이 최근 이탈리아 정계에서 일어나고 있습니다. 바로 2013년 이탈리아 총선에서 창당 4년 만에 제2당으로 도약하며 돌풍을 일으킨 '오성운동Movimento Cinque Stelle'입니다.

오성운동은 반부패, 반기득권anti-establishment, 시민참여 민주주의를 주창하며 일어선 정치세력입니다. 오랫동안 정치적 마비 상태였던 이탈리아 정치에 균열을 내고 있지요. 정당은 이념적 깃발과 막대한 자금, 조직이 있어야 한다고 생각했다면 오성운동 사례에 주목해주세요.

코미디언 출신으로 이탈리아 정계에 돌풍을 일으킨 베페 그릴로Beppe Grillo는 정치적 특권 계급을 퇴출시키기 위해서 '3선 금지를 법제화'해야 한다고 주장합니다. 정치는 직업이 아니라 일시적인 봉사이므로, 재선 이상 연임한 사람은 다시 선거에 나가지 말고 본래의 생업으로 돌아가야 한다는 것입니다. 베페 그릴로는 이같은 취지로 2009년 새로운 정당을 설립했습니다. 5개의 별을 심

벌로 내세우는 '오성운동'입니다. 오성운동은 인터넷과 SNS에 기반한 시민참여정치를 지향합니다. 그리고 오성, 즉 시민들의 삶과 직결된 다섯 가지 주요 이슈를 발전시키는 것을 목표로 삼아 활동합니다. 그 다섯 가지는 '공공수도, 지속 가능한 교통수단, 지속 가능한 개발, 인터넷 접속권, 그리고 생태주의'입니다. 이를 근간으로 시민들의 인간다운 삶을 보장하도록 개혁해나가자는 취지이지요.

이름에서 드러나듯이 오성운동은 스스로 '정당이 아닌 운동단체'라고 주장합니다. 하지만 지난 2013년 이탈리아 총선에서 상원 54석(24%), 하원 109석(25%)을 휩쓸고 단일정당으로는 두번째로 최다 득표를 하며 이탈리아 정치에 혜성처럼 등장했지요.

오성운동의 로고에는 5개의 별이 새겨져 있고, 문장 가운데 'V'가 들어 있습니다. 이는 이탈리아어로 "옛 먹어라Vaffanculo!"라는 의미이자, 영화 〈브이 포 벤데타〉의 상징인 'V(브이)'를 모티프로 삼은 것이기도 합니다. 기성정치권을 향해 신랄한 조롱과 비판을

시민들의 삶과 직결된 다섯 가지의 이슈를
중심으로 결성된 정당 오성운동의 로고.

가함과 동시에 새로운 정치적 혁명을 이뤄내겠다는 오성운동의
목표를 보여주는 것입니다.

이탈리아는 심각한 부패로 정치인에 대한 국민의 신뢰도가 바
닥을 치고 있었습니다. 2014년 통계자료에 따르면 이탈리아인의
정당에 대한 신뢰도는 3%에 불과했습니다.[2] 조사 대상 16개 기관
중에서 가장 낮은 신뢰도인데요, 그다음 순위가 바로 의회(7%)였
습니다. 이처럼 정치에 대한 불신이 만연하던 때, "연말연시에 대
청소를 하듯 우리 모두 청소부가 되어 사회의 쓰레기들을 싹 쓸어
버리자"는 베페 그릴로의 호소는 새로운 정치운동의 열망을 이끌
어내기에 충분했습니다.

한국 역시 국회와 정당에 대한 신뢰도는 바닥으로 곤두박질친
지 오랩니다. 2015년 한국보건사회연구원의 조사에 따르면 국회
에 대해 '매우 신뢰한다'는 응답은 1%에 그쳤고, '다소 신뢰한다'
고 답한 16.4%를 합쳐도 국민 100명 중 17명 정도만이 국회를 신
뢰하는 것으로 나타났습니다.[3] 이는 조사 대상 13개 기관과 단체
중 가장 낮은 수치입니다. 그럼에도 정치가 여전히 변하지 않는
건 왜일까요?

┌───┐
│ 갈 때까지 간 이탈리아 정치판, "무솔리니를 존경한다"   ⌄ │
└───┘

정치인은 진실을 덮기 위해 거짓을 사용하고,

예술가는 진실을 말하기 위해 거짓을 사용한다.

—영화 〈브이 포 벤데타〉

　오성운동이 등장하기 전까지 이탈리아 정계는 부패와 무능, 금권정치로 악명이 높았습니다. 1994년부터 2011년까지 네 번에 걸쳐 총리직을 맡았던 실비오 베를루스코니 Silvio Berlusconi 는 이탈리아 정치의 후진성을 대변하는 인물입니다. 이탈리아 최대의 언론그룹 '메디아세트 Mediaset'의 소유주인 베를루스코니는 10조원 규모의 엄청난 자산과 언론 장악력을 이용해 1994년 정계에 입성했습니다. 한마디로 언론권력과 경제권력, 정치권력을 한손에 쥐고 있는 인물이지요.

　특히 메디아세트는 전국 시청률의 약 절반을 차지하는 3개의 텔레비전 채널(Canale 5, Italia 1, Rete 4)을 갖고 있습니다. 또한 이탈리아 최대의 출판사인 몬다도리 Mondadori 를 소유하고 있으며, 여기에서는 이탈리아에서 가장 인기 있는 뉴스 주간지인 『파노라마』가 발행됩니다.

　베를루스코니는 탈세, 뇌물수수 등 10건이 넘는 형사재판에 회부되었고, 여성편력으로 추문을 몰고 다니는데다, "무솔리니를 존경한다"고 말하는 등 반인륜적, 인종차별적, 여성차별적 망언을 일삼는 문제인물입니다. 그럼에도 언론을 장악하고 있고, 경제권력도 어마어마하다보니 온갖 추잡한 범죄를 저지르면서도 계속해서 정권을 잡을 수 있었습니다.

　최악의 상황에서도 이탈리아 정치는 개혁되지 않았습니다. 부패한 정치 특권층에 대해 이탈리아 국민들의 불만은 들끓었지만 언론과 정치가 짬짜미로 권력을 나눠먹고 있으니 어디 가서 대안을 찾아야 할지 막막했을 겁니다. 이때 시민들의 막힌 속을 시원하게 뚫어주고 부패한 정치에 신랄한 '똥침'을 날리는 사나이가 등장했으니 그가 바로 이탈리아의 코미디언이자 파워블로거인 베페 그릴로입니다.

　코미디언인 그릴로는 1980년대까지 TV에서 시사풍자쇼를 진행하던 방송계의 간판 스타입니다. 그는 당시 만연했던 정치 경제 전반의 부정부패에 대해 신랄하게 비판하면서 인기를 얻기 시작했습니다. 1980년대 집권당이던 사회당의 무능을 성토하고, 1987년

코미디언 출신으로 이탈리아 정계에 돌풍을 일으킨
오성운동의 설립자 베페 그릴로. ©Wikimedia

당시 총리였던 베티노 크락시를 풍자한 것이 화근이 되어 공영방
송에서 출연금지 조치를 당합니다. 주류 언론을 통해서는 더이상
시청자들과 만날 수 없었지만, 그는 이탈리아 전국을 돌아다니며
매년 100회가 넘는 연극과 공연으로 시민들과의 소통을 계속했습
니다.

　베페 그릴로의 인기가 다시 치솟기 시작한 것은 2005년, 자
기 이름을 딴 블로그(www.beppegrillo.it)를 개설하면서부터입
니다. 직설적 유머와 신랄한 정치 풍자가 가득 담긴 그의 블로그
는 이탈리아어로 운영되고 있었음에도 세계적인 인기를 누리며
2008년 가디언이 집계한 '세계에서 가장 영향력 있는 블로그' 9위
에 선정되기도 했습니다.

독설가 코미디언, '미트업'을 만나다 　　　　　　　　　∨

블로그를 개설한 베페 그릴로는 환경 문제와 정치인의 부정부패
를 주로 다루며 정치적 목소리를 높여갑니다. 하나의 게시물에
1만 개의 댓글이 달릴 정도로 독자들의 호응이 매우 높았지요.

　이러한 성공의 배후에는 TV쇼로 쌓아온 베페 그릴로의 인기도
한몫했지만, 기안로베르토 카사레조Gianroberto Casaleggio의 역할 또
한 매우 컸습니다. 카사레조는 이탈리아의 저명한 웹 전문가로,
2004년 카사레조 아소차티Casaleggio Associati라는 컨설팅 회사를 설

립했습니다. 웹 기반의 마케팅 전략을 연구하는 이 회사는 2005
년부터 베페 그릴로의 블로그 편집을 담당했고, 몇 권의 책도 함
께 작업했습니다.

베페 그릴로의 입담과 카사레조의 전략이 만나자, 그릴로를 지
지하는 사람들의 수는 점차 늘어났습니다. 그리고 이들은 카사레
조와 베페 그릴로의 제안에 따라 '미트업Meetup'이라는 소셜네트워
킹 플랫폼을 활용하여 지역 모임을 꾸리기 시작합니다. 처음에 약
40개의 모임으로 시작된 '베페 그릴로 미트업'은 '재미있게, 우리
가 살고 있는 지역에서 시작해 더 나은 세상을 위한 아이디어들을
모으고 나누며, 토론하고 발전시키는 것'을 목표로 모임을 꾸려나
갑니다. 직접 얼굴을 마주하고 정치, 사회, 정보를 비롯한 일상의
모든 문제들을 이야기하는 모임이 된 것이죠.

> ### 부패정치에 엿 먹이는 날, 볼로냐의 V-day 집회   ⌄

단순한 팬클럽에서 출발한 베페 그릴로 미트업이 환경, 기술과 혁
신, 정치를 고민하는 풀뿌리 시민 모임으로 발전할 수 있었던 데
엔 이유가 있습니다. 언론 자유가 제한되고 권력자의 부정부패가
부쩍 심해지면서, 후련하게 제 할말 다하는 그릴로에게 많은 시민
이 열렬한 응원과 공감을 표한 것이지요.

2007년 9월 8일 볼로냐에서 개최된 V-day 집회는 이러한 베페

그릴로 미트업이 실질적인 정치 참여로 나타난 첫번째 집회입니다. 전국에서 200여만 명의 시민들이 V-day 집회에 모여들었고 "부패 정치인 출마 금지를 위한 법안을 제정하자"는 뜻을 모았습니다.

　전과자의 선거 출마 제한과 범죄를 저지른 의원들의 정치 활동을 반대하는 내용이 담긴 제안은 몇 시간 만에 33만 6000명의 서명을 받아냈습니다. 이탈리아법에 따르면 5만 명 이상이 서명할

이탈리아 볼로냐에서 열린 V-day 현장. ⓒWikimedia

경우 의회가 해당 안건을 상정해 논의하도록 되어 있지만 국회는 뚜렷한 이유 없이 안건 상정을 거절했습니다. 이 사건으로 시민들은 국회를 '궁궐'이라 비난했고, 그릴로를 중심으로 더욱 강력한 지지층이 형성되기 시작합니다.

　이렇게 집결된 커뮤니티의 미래를 어떻게 구상해야 할지, 그리고 다가오는 선거는 어떻게 치러야 할지 고민하면서 카사레조와 베페 그릴로는 다음 단계를 모색합니다. 그리고 2007년 10월, 지방선거에 출마할 '시민의 리스트liste civiche'를 만들기로 합니다. 2009년 3월 피렌체에서 열린 전국 규모의 회의를 시작으로 이 커뮤니티는 조금씩 '운동movimento'의 성격을 띠면서 마침내 2009년 10월, 오성운동의 결성으로 이어집니다.[4]

반부패, 반엘리트주의가 이루어낸 쾌거　　　　　　　　　∨

연예인 팬클럽 성격의 모임에서 시작해 기성정당을 위협하는 진짜 정당이 되기까지, 오성운동의 성장 과정에는 특이점이 많습니다. 처음에는 지방선거에서 겨우 몇 자리나 얻을까 싶더니, 창당된 지 3년 만에 이변을 일으킵니다. 2012년 이탈리아 북부 도시 파르마Parma에서 오성운동 소속 후보인 서른여덟 살의 가브리엘 피자로티Gabriel Pizzarotti가 시장으로 당선된 것입니다. 피자로티는 지명도도 아주 낮고 정치적 경력도 전무한 신출내기였는데, 기성

정치권에 염증을 느낀 시민들이 물갈이를 하기로 독하게 마음먹고 이뤄낸 쾌거였지요. 이로써 오성운동의 정치적 위력이 조금씩 가시화되기 시작합니다.

다음해인 2013년 총선에서 상원 24%, 하원 25%를 득표하며 단일정당으로서는 2위, 해외 유권자 투표를 제외하면 정당 득표율 1위라는 놀라운 성적을 거두게 됩니다. 창당 4년 만에 수백 명이 넘는 의원을 확보한 거대 정당이 된 오성운동은 젊은 유권자들의 폭발적 지지를 기반으로 이탈리아 정치를 혁신해나가고 있습니다. 물론 이것은 베페 그릴로라는 인물의 역량에 힘입은 바가 크지만, 그 뒤에는 가파른 성장을 가능케 한 '조직'과 '시스템'의 영향도 무시할 수 없습니다. 앞서 이야기했듯이 오성운동은 시민들의 삶과 직결된 이슈를 중심 목표로 시민참여정치를 지향합니다.

이와 더불어 오성운동이 폭발적 지지를 얻을 수 있었던 또 하나의 성공 요인으로 '반부패, 반엘리트주의'를 꼽을 수 있습니다. 소수 엘리트들만 정치에 참여하고, 특권 계급으로 군림하며 권력을 독점하고 남용하는 상황을 타파해보자는 데 많은 시민들이 깊이 공감한 것입니다. 이는 오성운동이 내세운 총선 주요 공약을 보면 더욱 잘 드러납니다. 국회의원 3선 금지, 겸직 금지, 일반 노동자의 평균 임금 수준으로 세비 삭감 등 정치인들의 특권 폐지와, 전과자들의 국회 진출 금지 등을 통한 부패 척결에 집중하고 있습니다.

이렇게 삶다운 삶과 정치다운 정치를 향한 시민의 열망을 반영한 결과, 오성운동은 20~30대 젊은 유권자들의 열렬한 지지를 받으며 이탈리아에서 가장 젊은 정당(의원 평균연령 37세)이 되었습니다. 오성운동 의원들이 대거 입성하면서 이탈리아 의회는 유럽에서 가장 나이 많고 부패한 의회에서 가장 젊은 의회로 환골탈태하게 된 것입니다.

이념 대신 이슈로, 당 조직 대신 인터넷으로 뭉치다

오성운동에서 어떤 교훈을 얻을 수 있을까요? 여타 기성정당과는 달리 오성운동이 갖고 있는 차별점은 무엇인지, 오성운동의 정치적 의의를 크게 세 가지로 나눠 살펴보도록 하겠습니다.

첫째, 오성운동은 좌파니 우파니 하는 이념적 성향을 기준으로 정당을 결성하지 않았습니다. 이념이 아니라 시민들에게 꼭 필요한 몇 가지 이슈를 중심으로 폭넓게 세력을 규합하는 것이 더 생산적이라는 입장입니다. 좌우의 대립보다는 시민과 공공기관 사이의 단절이 더 큰 문제라며 이러한 정치적 상황을 바꾸는 것이 더 중요하다고 주장하지요.

한편으로는 이렇게 기성정치를 모두 적으로 간주하는 공격적인 태도와 탈이념적인 무당파성 때문에 포퓰리즘이라는 비난을 받기도 합니다. 사실 베페 그릴로라는 인물에게 집중되는 리더십이나 강력한 구호들은 포퓰리즘의 특징처럼 보이기도 합니다. 그렇지만 오성운동에 참여하는 이들이 지속적으로 의견을 교환하면서 주제별로 구체적인 정책들을 제안하고 변화를 위해 분투하고 있다는 사실 또한 주목해야 할 것입니다.

둘째, 기존의 정치적 메커니즘과 과감히 단절합니다. 이를 위해 국회의원 임기를 두 번으로 제한하는 것을 공약으로 내세우는 것은 물론, 3선 금지를 내규로 정해놓고 있습니다. 권력이 오래 고여 있으면 썩을 수밖에 없다는 것, 정치는 돈을 버는 직업이 아니라 사회에 봉사하는 서비스 활동이라는 오성운동의 신념이 잘 드러나는 지점입니다.

더불어 '깨끗한 의회'를 목표로 전과 경력이 있는 이들의 입후보 금지를 주장합니다. 본인의 주행 실수로 동승자들이 사망하는 자동차 사고를 낸 전과가 있는 베페 그릴로도 이에 따라 선거에 입후보하지 않겠다고 밝혔지요. 이러한 공약들과 내부적으로 그것을 실천하려는 노력은 기성정치인에 대한 불신으로 가득찬 대중에게 새로운 희망으로 다가왔을 것입니다.

셋째, 당내 모든 소통과 의사결정 과정이 온라인으로 이루어질 수 있게끔 시스템을 구축했습니다. 별도의 본부 없이, 베페 그릴로의 블로그와 오성운동 웹사이트가 그 모든 역할을 대행합니다. 오성운동이 '돈 안 드는 정치zero-cost politics'를 표방하며 국가의 선거보조금을 거부하고 활동할 수 있었던 이유가 바로 여기에 있습니다.

오성운동 소속 당원은 공천심사위원회가 아닌 웹사이트를 통해서만 후보 신청을 할 수 있고, 파를라멘타리에parlamentarie라고 불리는 온라인 순위 투표를 통해 공천이 결정됩니다. 그래서 베페 그릴로가 얼굴조차 알지 못하는 사람이 후보자로 선출되는 경우도 적지 않았지요. 이탈리아에는 당원들의 투표로 후보를 정하는 경선 과정이 없었습니다. 그 때문에 오성운동에서 채택한 경선 방식이 더욱 주목을 받았지요.

후보자 선출뿐 아니라 선거 유세와 홍보 역시 온라인을 통해서만 이루어지고 있습니다. 상원 및 하원의원들의 활동도 시민들이 웹사이트나 스마트폰 애플리케이션을 통해 실시간으로 확인할 수 있도록 했습니다. 또한 오성운동의 웹사이트는 단순히 소식을 전달하는 것에 그치는 것이 아니라 사람들이 모여 토론할 수 있는 포럼도 제공하고 있어서 인터넷만 있으면 언제 어디서든 자유롭게, 다양한 주제에 관해 토론할 수 있습니다.

오성운동의 성공이 어디까지 이어질지는 단언하기 어렵습니다. 그러나 적어도 오성운동이 정당과 선거에 대한 고정관념을 통렬히 깨버렸다는 점은 높이 평가할 만합니다. 돈과 조직력과 노회한 경험이 없어도, 아니 없어야 비로소 정치다운 정치를 할 수 있다는 걸 보여준 겁니다.

하지만 베페 그릴로에 대해 스타 정치의 부작용을 우려하는 목소리도 있습니다. 오성운동은 정치에 드는 비용을 최소화하기 위해 후보들이 온라인으로만 선거운동을 벌일 것을 당의 원칙으로 삼았는데, 이것을 어기고 TV프로그램에 나간 후보를 베페 그릴로가 전격 제명한 것이 사건의 발단이었습니다. 징계를 하더라도 자

유롭고 다양한 의견 수렴 과정을 거쳤어야 했는데, 베페 그릴로가
권력을 남용한 것 아니냐는 비판이 일었습니다.

이와 관련하여 베페 그릴로의 동료이자 오성운동 탄생의 주역
인 카사레조는 완고한 태도를 보이며 "오성운동의 당규는 원칙이
다. 만약 누군가 원칙을 바꾸기를 원한다면, 그들이 직접 다른 운
동을 만들면 된다"고 말했습니다. 그런데 그 당규를 누가 만들었
느냐고 묻자, 그는 "나와 베페 그릴로가 만들었다"고 답했죠. 또
최근 밀라노에서 분노한 스물한 살의 흑인 이민자 청년이 곡괭이
를 휘둘러 시민 세 명을 살해한 사건에 대해 그릴로가 당론과 무

스타 정치인 한 사람의 주도로 이루어지는 정치가 아니라, 시민의 집단적 견제로 유지되는 정치 시스템이
필요하다. ⓒImpasse Mag

관하게 "이민자를 추방시키는 방안을 마련해야 한다"며 공격적 발언을 한 것이 문제가 되면서 그의 독단 가능성에 대한 우려는 더욱 커지고 있습니다.[5]

대중적 신망이 두텁고 성품이 훌륭한 지도자라고 해도 절대 방심하면 안 됩니다. "나름대로 깊은 생각이 있어서 그럴 거야. 우리가 어찌 대붕의 뜻을 알랴." 그런 생각으로 내버려두었다가는 어느 날 권력에 집착하는, 〈반지의 제왕〉 속 골룸처럼 변해버린 지도자를 만나게 될지 모릅니다. 누구라도 예외는 없습니다. 권력은 고이면 썩고, 힘은 쏠리면 터집니다.

'반지의 제왕 딜레마'를 최소화하기 위한 유일한 해법, 그것은 지도자가 한 인간으로서 범할 수 있는 오류를 줄이고 곁길로 가지 않도록 다중多衆이 견제하는 장치를 마련하는 것뿐입니다. 집단지성을 발현하고, 그것을 효과적으로 활용할 수 있는 정치 시스템이 필요한 거죠.

> ## 젊고 강한 진짜 정당으로, 오성운동의 변신   ⌄

여러 비판과 우려의 목소리에도 오성운동은 창립 6년째인 지금까지 그 열기를 유지하고 있습니다. 최근 오성운동은 진정한 '정당'으로의 변모를 시도하는 중이라고 하는데요. 오성운동 출신으로서 하원의회 부의장으로 선출된 스물아홉 살의 젊은 정치인 루이지 디 마이오 Luigi Di Maio가 그 선봉에 있습니다.

디 마이오가 처음 정치에 입문한 것은 2011년 오성운동 소속으로 지역의회에 출마했을 때입니다. 당시 나이는 스물네 살이었지요. 비록 2011년 선거에서는 낙선했지만, 2년 뒤인 2013년 총선에서 하원의원 선거에 출마, 스물여섯 살에 부의장에 선출됩니다. 역대 최연소 당선이었지요.

이 젊은 정치 신인은 2015년 12월 파이낸셜 타임스와의 인터뷰에서 "오성운동은 저항운동으로 시작했지만, 이제 그 벽을 넘어섰다. 우리는 직접 정치하기를 원한다We want to govern"[6]라고 말하면서 변화 의지를 밝혔습니다.

제대로 된 정당으로 변화하겠다는 오성운동의 의지는 지난 2016년 6월 이탈리아 지방선거에서 결실을 거뒀습니다. 주요 도시인 로마와 토리노에서 오성운동 소속의 후보가 시장으로 당선된 것입니다. 시민들의 일상을 파고드는 구호와 정책을 내세워 당선된 후보들은 놀랍게도 모두 30대 여성들이었습니다. 특히 로마는 2700년 역사상 최초로 '여성 수장'이 탄생했다는 점에서 의미가 남달랐습니다.

지방선거를 전후로 오성운동은 집권당인 민주당Partito Democratico의 뒤를 바짝 쫓고 있습니다. 2014년에 20%였던 민주당과의 지지율 격차가 2016년 6월 여론조사에 따르면 2%로 줄어, 민주당 31%, 오성운동 29%로 나타났습니다.[7]

오성운동의 추격은 여기서 그치지 않습니다. 디 마이오는 민주당 당수이자 현 이탈리아 총리인 마테오 렌치Matteo Renzi를 매섭게 비판합니다. 마흔 살에 총리가 된 마테오 렌치는 무솔리니 이후 최연소로 총리직을 맡아, 이탈리아의 정치를 바꿀 젊은 인재로 촉망받고 있습니다. 하지만 디 마이오는 렌치 총리가 점차 기존과 똑같은, 낡은 방식으로 나라를 운영하고 있다고 비판합니다. 진정한 의미의 '젊고 새로운 정치'를 해보이겠다는 야망을 내비치는 루이지 디 마이오와 오성운동이 어떻게 변해갈지 지켜볼 일입니다.

2700년 로마 역사상 최초의 '여성 수장' 비르지니아 라지

2016년 6월 19일, 로마시장 결선투표에서 사상 최초의 여성 시장이 탄생했습니다. 오성운동 소속의 비르지니아 라지Virginia Raggi가 그 주인공입니다. 2700년이 넘는 로마의 역사상 종교, 정치 등 모든 영역을 통틀어 공식적인 여성 리더가 등장한 것은 처음이라는 점, 또 그동안 주춤했던 오성운동의 변신을 시사한다는 점에서 그녀의 당선은 나라 안팎의 관심을 불러일으 켰습니다.

라지는 변호사로 활동하던 워킹맘이자 시의원 출신으로, 정치 경력 5년차의 신인이었습니다. 그녀가 정치에 입문하게 된 계기는 아들 때문이었습니다. 로스쿨을 졸업하고 변호사로 일하던 2011년 아들이 태어나자 '우리 아이가 살아갈 세상을 바꾸겠다는 마음으로' 오성운동에 합류하게 된 것이죠. 자신의 아이를 포함한 미래 세대를 생각하면, 기성정치권의 무능과 부패를 더이상 가만히 보고 있을 수 없었습니다. 그녀는 2013년 오성운동 소속 시의원으로 출마해 당선되었고, 교육과 환경 분야를 중심으로 3년간 활동했습니다.

시의원으로 활동하던 그녀는 2016년 2월 오성운동의 로마시장 후보 경선에 출마합니다. 오성운동은 온라인 플랫폼을 통해 입후보와 경선이 이루어지는데, 이곳에서 그녀는 경쟁자들을 제치고 시장 후보로 확정됩니다. 입후보 후 그녀의 홍보영상이 공개되자, 많은 사람들이 놀라워했습니다. 그녀처럼 젊고 신선한 정치인이 로마시장 후보로 나선 적이 없었기 때문입니다.

시민들이 놀란 것은 그뿐만이 아니었습니다. 쓰레기 문제, 노후한 도로와 대중교통 문제, 학교 시설 정비, 주거 문제, 부정부패 타파 등 비르지니아 라지의 '생활밀착형' 정책공약들은 그녀가 참신할 뿐 아니라 시의 문제를 잘 알고 있는 준비된 정치인이라는 사실을 보여주었습니다. 그녀는 깨끗한 시정 운영, 더 나은 도시환경을 제공하겠다고 공언했습니다. 이를 위해 시의원들이 개별 용도의 업무추진비 사용을 금지하는 것과 교통체증 완화를 위한 공유 자전거 설치를 제안했죠. 유세가 진행될수록 시민들은 그녀의 발언과 정책에 공감하며 점차 큰 지지를 보내게 됩니다. 2024년 로마올림픽을 유치하겠다는 등 시민들의 삶과 동떨어진 정책을 내세운 집권 민주당의 로베르토 자케티 후보와는 사뭇 대조적이었죠.

비르지니아 라지의 선거운동 역시 기존 정치인들과는 달랐습니다. 오성운동은 후보들에게 선거비용을 지원하지 않기 때문에, 그녀는 로마 시내의 어느 작은 피자가게에서 선거자금 모금행사를 열었습니다. 20유로짜리 피자를 서빙하며 자금 후원을 받는 모습은 시민들로 하여금 정직하고 부패 없는 시정 활동을 하겠다는 그녀의 공약을 더욱 신뢰할 만한 약속으로 느끼게끔 만들었습니다. 물론 몇몇 사람들은 그녀의 짧은 정치 경력에 우려를 표하기도 했지만, 그녀는 "이탈리아에서 정치 경력이란 국가와 로마를 망쳐온 사람들과, 그들이 속한 정당들의 것이다"라며 우려를 잠재웠죠.

비르지니아 라지는 기존 정치의 틀을 깨는 신선한 선거운동 방식으로 로마 시민들의 큰 지지를 얻었다. ⓒWikimedia

이번 선거를 통해 비르지니아 라지는 젊은 지도자 디 마이오와 함께 오성운동의 새로운 얼굴로 떠올랐습니다. 그녀는 오성운동의 혁신 의지를 아래와 같이 밝혔습니다.

모든 로마인의 집, 이곳에 우리 오성운동이 왔습니다. (…) 우리는 오성운동이 로마에서 시행할 프로젝트에 관해, 그것을 어떻게 추진할지 아이디어와 방법들을 놓고 정부 및 관료들과 오랫동안 이야기를 나눴습니다. 우리는 변화를 위해 매일 열심히 일하고 있습니다. 로마는 이미 오랫동안 변화를 기다려왔으니까요![8]

지난 선거와 비교해 제자리걸음을 한 다른 도시들의 투표율과 달리, 로마의 투표율은 5%나 올라갔습니다. 반기득권 정당 출신의 젊은 여성 정치인인 라지가 일으킨 돌풍이 많은 이들을 투표장으로 이끌어낸 것이죠. 라지의 당선은 기성정치권을 향한 시민들의 불만을 보여줄 뿐만 아니라, 제도권 정치인을 대체할 새로운 정치세력의 등장을 기대하고 있음을 보여줍니다. 시민들은 당파나 이념, 정치 경력이 아닌 자신들의 삶을 이해하고 변화를 만들어낼 정치인을 대표자로 선택한 것입니다.

3장 | 시스템의 힘, 정당의 모든 것은 시민이 정한다 🔍
—스페인의 포데모스

이탈리아에 오성운동을 주도한 베페 그릴로가 있다면, 스페인에는 젊고 패기만만한 지도자 파블로 이글레시아스^{Pablo Iglesias}가 있습니다. 그는 유럽의회 의원을 거쳐 현재 스페인의 제3당인 포데모스의 사무총장이자 하원의원으로 활동하고 있습니다. 포데모스의 성공 요인을 논할 때 텔레비전 토론회 등을 통해 스타가 된 이글레시아스의 유명세를 빼놓을 수 없지만, 다른 풀뿌리 정당들과 마찬가지로 포데모스의 지지세를 견인하는 힘은 역시 '시스템'에 있습니다.

'꽁지머리 파블로'의 선풍적 인기   ⌄

2014년 1월, 스페인 명문 콤플루텐세 대학 강사이자 좌파 논객 파블로 이글레시아스는 '우리는 할 수 있다'라는 뜻을 가진 정당, 포데모스를 창당합니다. 포데모스는 창당 4개월 만인 2014년 5월 유럽의회 의원을 뽑는 스페인 국내 선거에서, 120만 표(8%)를 득표하며 이글레시아스를 비롯해 5명을 유럽의회로 진출시키는 이변을 일으킵니다.

2015년 1월에는 포데모스의 저력을 보여주는 사건이 있었습니다. 포데모스가 주도한 시민참여 집회인 '변화를 위한 행진'에 최소 20만 명의 넘는 시민이 참여했는데, 스페인의 어느 정당도 이 정도 규모의 자발적 시민집회를 조직한 적이 없었을 정도로 대중의 열기가 뜨거웠습니다. 이어 2015년 12월 치러진 총선에서는 긴축정책 반대와 중산층 회복이라는 구호를 앞세워 30년 넘게 이어진 국민당·사회당의 양당 구도를 깨고 20%를 득표, 하원 350석 가운데 69석을 얻어 원내3당으로 올라섭니다. 현재 포데모스는 창당 2년 만에 40만 명이 넘는 당원을 가진 강력한 야당으로 우뚝 섰습니다.

포데모스의 약진은 서른일곱 살의 젊은 나이로 당 대표를 맡은 파블로 이글레시아스의 독보적 스타성과 대중적 호소력에 힘입은 바 큽니다. 젊고 잘생긴 외모에, 철학, 정치학, 영화, 심리학을 두루 전공한 해박함, TV 시사 프로그램 진행자이자 각종 시사 토크

쇼의 인기 논객으로 검증받은 언변, 거기에 기성 정치인과는 달리 기름기 쫙 빼고 청바지에 꽁지머리 차림으로 다니는 풋풋한 이미지까지, 이글레시아스는 매력적인 '정치 아이돌'이 될 만한 조건을 두루 갖춘 인물이죠.

1978년생인 파블로 이글레시아스는 2008년 정치학 박사학위를 취득한 후 마드리드 콤플루텐세 대학에서 정치학을 가르쳤습니다. 그는 대중을 설득하는 데 있어서 미디어, 특히 TV가 차지하는 역할의 중요성을 일찍부터 간파하고, 2010년부터 대학 교수진들과 함께 〈라 투에르카La Tuerka〉(우리말로 '나사못')라는 시사 토크쇼를 제작해 유튜브와 케이블 채널을 통해 배포했습니다. 이 프로그램은 큰 인기를 얻어 지상파까지 진출하게 되었고, 출연자였던 파블로 이글레시아스는 대중적 인기를 끌게 됩니다. 이후 그는 다른 텔레비전 토론 프로그램에까지 발을 넓히며, 보수 인사들을 압도하는 달변으로 일약 스타덤에 오릅니다. 유명 정치평론가로 이름을 떨치게 되면서, 2013년부터는 아예 〈포르트 아파체Fort Aparche〉(아파치 요새)라는 텔레비전 시사 프로그램의 단독 진행까지 맡게 되었습니다.

이러한 인기를 바탕으로 파블로는 지식인 그룹과 좌파 성향의 군소정당, 15M운동에 참여했던 단체 들과의 교섭을 통해 신당의 기틀을 만들고 2014년 1월 신생정당 포데모스의 창당을 공식적으로 선언합니다.

파블로 이글레시아스. 대중적 인기와 포데모스의 정당 시스템에 힘입어 유럽의회 의원으로 선출되는 등 정치적 기반을 다졌다. ©RT France

인기의 진짜 비밀은 따로 있다

학벌과 외모, 달변 등 이글레시아스의 스타성보다 빛나는 점은 포데모스가 채택한 정당 설계와 운영 방식입니다. 포데모스는 15M 운동의 형식과 내용을 정당 안에 담아내고자 했습니다. 시민들은 광장에서 열리는 시위를 통해, 또 시위 이후에는 지역과 시민단체에서 자발적 참여와 토론문화에 근거해 자신들의 문제를 해결하려고 노력했는데, 포데모스는 중앙 정치에서도 이와 같은 방식이 가능하기를 바랐던 것이죠.

　포데모스의 상설조직은 크게 세 부분으로 나눌 수 있습니다.[1] 첫번째는 시민총회Asamblea Ciudadana입니다. 시민총회는 말 그대로 모든 사람들이 참여하는 최고 의사결정기구입니다. 포데모스의 모든 규정에 관한 제·개정, 당직자와 후보선출 및 해임, 선거공약 입안 등 모든 주요 논의는 반드시 시민총회를 거쳐야 효력을 가집니다.

　두번째는 시르쿨로Círculo라고 불리는 오프라인 지역 모임입니다. 포데모스의 실질적인 기초 단위인 시르쿨로는 특정한 리더나 회비 없이 공개 대중회합의 형태로 진행되고, 토론 주제도 참가자들이 직접 정하는 자치조직입니다. 시르쿨로는 크게 두 종류로 나뉩니다. 하나는 지역 단위이고, 다른 하나는 정책 분야나 직업군에 따른 주제별 시르쿨로입니다. 2016년 2월 기준으로 스페인에는 전국적으로 1000개가 넘는 시르쿨로가 존재하는데, 인증 절차를 거친 시르쿨로는 포데모스의 정책결정이나 선거구별 후보선출 등에 관한 정식 권한을 갖는 것은 물론 재정 지원도 받을 수 있습니다.

　세번째가 바로 포데모스의 집행과 내부 조정을 담당하는 당무기구입니다. 당무기구는 사무총장Secretaría General, 시민평의회 Consejo Ciudadano, 감사 및 조정기구에 해당하는 민주주의 보장위원회Comisión de Garantías Democráticas로 나뉩니다. 세 조직은 서로 다른 역할과 권한을 바탕으로 총회에서 결정된 사항의 세부 계획 수립과 집행을 책임지게 됩니다.

우선 당대표격인 사무총장을 포함해 모든 당무기구 인사들은 온라인 플랫폼을 통한 당원들의 직접 투표로 선출됩니다. 선출된 당직자들은 독단적인 의사결정을 내릴 수 없고, 총회의 권한으로 언제든 해임될 수 있습니다. 사무총장은 당대표로서 포데모스의 얼굴 역할을 하게 됩니다. 시민평의회는, 총회를 통해 선출된 사무총장과 자치지역별로 선출된 대표 17명, 다양한 시르쿨로 출신의 대의원 62명, 그리고 재외국민 대표 1인을 포함한 총 81명으로 구성됩니다. 이들은 평의회 산하의 26개 집행부서에 소속되어 총회에서 결정된 사항의 세부 계획을 수립하고 집행하는 역할을 맡습니다. 마지막으로 민주주의 보장위원회는 최소 10인 이상의 외부 인사로 구성되며, 그중 절반은 법조인입니다. 이 위원회는 포데모스 내의 의사결정과 집행 과정에서 문제가 없는지 확인하는 조정 및 감사기구입니다.

위와 같은 조직구조에 따라, 사무총장인 파블로 이글레시아스와 집행부 26명은 모두 '아고라 보팅'이라는 온라인 투표 시스템을 통해 선출되었습니다. 이 투표에는 5만 5000여 명이 참여했지요. 2014년 5월의 유럽의회 의원 후보와 이듬해 12월의 총선 출마 후보선출도 같은 방식으로 이루어졌는데, 포데모스 당원이든 아니든, 심지어 다른 정당 소속이어도 경선 투표에 참여할 수 있게 하는 완전경선제를 채택했습니다. 이러한 완전경선제의 온라인 투표는 "다양한 시민의 요구를 포괄하고inclusive, 정당 내 주요한 결정과 후보선출을 시민 주도로citizen-driven 진행한다"는 원칙에 따른 것입니다.

온라인 투표는, 시르쿨로에서 제출된 다양한 의견 가운데 무엇을 포데모스의 전략적 목표로 삼을 것인가를 결정할 때도 쓰입니다. 아고라 보팅을 통해 결의된 포데모스의 초기 5대 중점 과제는, 공교육 개선(45%), 부패 근절(42%), 주거권 보장(38%), 공공의료 개선(31%), 가계부채 탕감(23%)의 순이었습니다.[2]

지역의 시르쿨로를 통해서만 정당에 의견 개진을 할 수 있는 건 아닙니다. 포데모스는 레디트reddit란 온라인 플랫폼을 이용해서 '플라자 포데모스Plaza Podemos'란 자체 공론장을 만들었는데, 당원이라면 누구나 이곳을 통해 자유롭게 의견을 제시하고 포데모스 소속 의원들에게 질의나 요구를 할 수 있습니다. 24시간 개방된 당내 쌍방향 소통 시스템인 셈입니다.

포데모스의 조직구조가 하루아침에 완성된 것은 아닙니다. 2011년 15M운동을 통해 폭발적으로 터져나온 시민들의 에너지가 이후 다양한 공간에서 동시다발적으로 진행된 숙의의 과정을 거쳐 새로운 정치적 주체로 성장한 것처럼, 포데모스 역시 당원들의 부단한 논쟁과 토론을 통해 현재의 의사결정 체계를 만들어냈습니다. 이에 대해 스페인의 한 연구자는 다음과 같이 평가했습니다.

확실한 것은 (포데모스가) 초기에 정치조직이나 구조 없이 출발했기 때문에 기존의 정당들보다 훨씬 더 빠르게 성장할 수 있었다는 점이다. 이후에

(기성정당처럼) 중앙집중적인 운영구조를 도입하려는 세력과 좀더 참여적
인 형태를 만들려는 세력 사이에 갈등이 있었는데, 이러한 갈등은 마치 시
계추가 움직이는 것처럼 양쪽의 접근이 균형을 맞추어가는 과정 속에서 해
소되었다.[3]

강력한 리더십을 원하시나요?   ∨

우리에겐 '강력한 리더십'에 대한 환상이 있습니다. 중구난방으로
의견이 분분할 때 칼같이 결론을 내고 불도저처럼 밀어붙이는 추
진력을 강력한 리더십이라고 착각하곤 하죠. 그래서 오만과 고집
불통인 통치자는 스스로가 강력한 리더십을 발휘하고 있다고 자
부하는 경우가 많습니다.

그러나 강력한 리더십은 투명한 합의 절차를 거쳐 시민의 탄탄
한 지지를 받는 데서 오는 것이지, 리더 개인의 고집이 강하다고
얻을 수 있는 게 아닙니다. 디지털 플랫폼을 이용한 시민의 참여
를 정당 운영의 중심축으로 삼는 포데모스에도 리더십에 대한 고
민은 있습니다. 이글레시아스라는 스타급 지도자의 긍정적 역할
을 부인할 수는 없지만 개인의 힘이 지나치게 커지는 건 수평적
시민주도 시스템을 위협하는 위험 신호이기 때문입니다.

포데모스가 창당된 지 얼마 지나지 않은 2014년 초에 당원 투
표를 통해 확정된 주요 경제공약들이 있습니다. 기본소득제 신설,

산업 국유화, 정년 60세 유지, 국가부채 탕감 등의 정책들이었는
데, 이것이 급진적이라는 비판이 일자 파블로 이글레시아스를 위
시한 포데모스 집행부는 중도파를 지지층으로 끌어들이기 위해
이 정책을 일부 수정하기로 합니다.

　그런데 이 과정에서 당의 전체적인 의견보다 파블로 개인의 판
단이 더 크게 작용한 것 아니냐는 비판이 제기되면서 논란이 불거

2014년 5월 유럽의회 선거운동을 위해 자발적으로 모인 포데모스 당원들의 모습. 포데모스 로고 아래 "당
신이 희망을 가지고 마지막으로 투표한 때는 언제인가?"라고 쓰인 현수막이 놓여 있다. ©Burbuja

졌습니다. 직접민주주의 정당을 표방한 포데모스조차도 스타 정치인의 카리스마로 좌지우지되는 권력을 완벽하게 통제하는 데는 이르지 못했단 뜻이죠.

이런 내외적인 논란에 휩싸이면서 한때 30%에 육박했던 포데모스의 지지율이 크게 꺾일 것이라는 전망이 나오기도 했습니다. 그러나 2015년 12월 치러진 총선에서 포데모스는 20%의 지지율을 획득하며 결국 원내3당으로 올라섭니다. 이런저런 논란이 있었음에도, 스페인 국민들은 식상한 기성정당이 아닌 새로운 인물과 정책을 내세운 포데모스에 큰 힘을 실어준 것입니다.

포데모스의 '가능성'은 어디까지 이어질 것인가   ⌄

내각제인 스페인에서는 하원에서 과반을 차지한 정당 또는 연정을 이뤄 의회 과반을 확보한 둘 이상의 정당이 정부를 구성하게 됩니다. 그런데 2015년 12월 총선 결과 어느 정당도 원내 과반을 차지하지 못했고, 정당 간의 이해관계가 첨예하게 대립하면서 6개월에 걸친 협상에도 결국 내각 구성에 실패했습니다. 그사이 많은 일들이 일어났습니다.

1975년 독재자였던 프랑코가 죽은 뒤 민주화를 이룩했지만, 사실 스페인은 입헌군주국입니다. 현대 스페인 정치사에서 국왕이 실질적인 권력을 가졌던 때가 딱 한 번 있는데, 바로 독재자 프랑코가 자신의 권력 승계자로 국왕을 지명한 후 사망한 1975년입니다. 또다시 군부독재가 일어날지도 모르는 불안정한 정국에서, 국왕은 국회에 권력을 돌려주겠다고 선언하며 민주화의 물꼬를 텄습니다.

그런데 40년가량이 흐른 2016년, 신생정당의 등장으로 내각 구성이 어려워지며 상징적 존재에 불과한 스페인 국왕의 역할이 다시 주목받는 역설적인 상황이 벌어졌습니다. 스페인 헌법상 국왕이 내각 총리 후보를 지명하게 되어 있기 때문입니다. 민주화 이후에는 선거 결과에 따라 다수당 대표를 총리 후보로 지명했기 때문에 이러한 헌법 절차는 형식적인 과정에 지나지 않았습니다. 그런데 2016년 2월 초 내각 구성이 지지부진한 가운데 국왕이 기성정당이자 그해 선거에서 제2당이 된 사회당 대표를 왕궁으로 불러들여 그를 후보로 지명하면서 모든 관심이 집중되었습니다.

사회당 대표가 총리 후보가 되었다고 해서 그대로 총리가 되는 것은 물론 아닙니다. 사회당이 선택할 수 있는 경우의 수는 두 가지입니다. 첫번째는 신생정당들의 위협 속에서 오랜 정적이었던 보수 국민당과 대연정을 구성하는 것이고, 두번째는 중도좌파인 포데모스와 중도우파인 시우다다노스Ciudadanos를 아우르는 연정을 구성하는 것입니다.

보수정당인 국민당과는 이해관계의 대립이 너무 커 연정을 구성하는 게 불가능했기에, 결국 사회당은 포데모스와 시우다다노스를 아우르는 연정을 시도하게 됩니다. 하지만 포데모스는 "자본

권력과 결탁한 친 시장주의 정당과 함께할 수 없다"며 연정에 참여하기를 거부합니다.

타협점을 찾지 못한 의회는 결국 재선거를 결의했고, 2016년 6월 26일에 사상 초유의 총선 재선거가 치러졌습니다. 포데모스는 원내 소수당이었던 좌파당과의 연정을 통해 통합포데모스Unidos Podemos라는 이름으로 선거에 나섰습니다. 포데모스는 선거운동 중반 여론조사에서 일시적으로 사회당의 지지율을 앞지르기도 했지만, 최종적으로는 12월 총선에 비해 약간 증가한 의석수인 71석을 기록했습니다. 2차 총선의 성적표는 국민당이 137석, 사회당이 85석, 통합포데모스 71석, 시우다다노스 32석, 기타 25석입니다.

영국의 EU 탈퇴 문제로 유럽은 물론 전 세계가 어수선한 가운데, 특히 이번 선거는 유럽연합 주도의 긴축에 반대해온 포데모스가 확고히 자리매김했다는 신호로 해석됩니다. 『타임』지는 재선거 이후에도 포데모스의 지지세가 지속적으로 이어지자 "양당체제는 끝났다"고 평가했습니다.[4] 다시 치러진 총선에서도 제3당의 입지를 굳건히 한 포데모스가 앞으로 스페인 정치에서 어떤 역할을 할지 그 귀추가 주목됩니다.

야고 베르메호 아바티

포데모스의 온라인 플랫폼을 설계한 라보데모 이야기

2015년 12월 20일 치러진 스페인 총선에서 30년 동안 이어진 국민당과 사회노동당 양당체제가 무너졌다. 집권 국민당은 제1당이긴 했지만 과반의석 확보에 실패하여 예전과는 위상이 달라졌다. 대신 신생 직접민주주의 정당 포데모스와 카탈루냐 지역 기반 자유주의 정당 시우다다노스가 처음으로 하원에 진출했다.

현재 당원 수가 40만 명에 육박하는 포데모스의 혁신점 가운데 하나는 수십만 당원 모두가 디지털 도구를 통해 직접 참여하는 것이다. 이런 정당이 실제 권력을 얻었으니 시민들이 정치에 참여하는 수준도 단순히 '투표권을 행사하는 정도'를 넘어서게 됐다. 한 외신은 포데모스를 두고 '스타트업 정당'이라고 표현했다. 신생정당이면서 '디지털 참여를 개척하는 정당'이라는 점에서 그 표현은 꽤 적절하다.

포데모스가 '진화한 민주주의'를 구현하는 과정에서 보이지 않는 도움을 준 집단이 있다. '라보데모Labodemo'라는 시민참여 민주주의 싱크탱크다. 라보데모는 창립자이자 다양한 그룹 간 네트워크의 허브 구실을 하는 야고 아바티를 중심으로 다양한 사람들이 협업하는 느슨한 조직이다. 이 느슨한 조직이 포데모스나 스페인의 다른 신생 정치조직의 '디지털 참여 전략'을 세우고 스페인 정치 변화의 한 축을 담당한 것이다. 라보데모의 구심점 야고 베르메호 아바티를 만나봤다.

Q. 간단한 자기 소개를 부탁한다.

A. 나는 고등학생 때부터 사회운동에 참여해왔다. 1990년대 후반부터 2000년대 초반 등장한 마드리드의 '자치운동'(진보 성향의 청년 정치그룹이 주도했던 좌파통합운동)에 나서기도 했고, 이라크전쟁 반대시위에도 적극적으로 참여했다. 이후 대학과 대학원에서 물리학을 전공해 물리교사로 일하기도 했다.

이런 활동가의 경험을 토대로 15M운동이 벌어지는 마드리드 광장의 '사회적 점거운동' 공간에서 여러 프로젝트를 하다가 라보데모를 만들었고, 창립 멤버로 여전히 활동중이다.

Q. 라보데모는 언제, 어떻게 만들었나.

A. 2011년 5월 15일, 스페인 마드리드 푸에르타 델 솔 광장에 수만 명이 모였다. 계속되는 긴축정책과 높은 실업률, 낮은 임금에 시달린 끝에 등장한 '분노한 사람들'이었다. 점거 첫날 몇 명이 집으로 돌아가지 않고 광장에 남기 시작했다. 점점 더 많은 사람이 모였고, 사람들은 광장에서

그들의 분노를 표출하고 해결책을 고민했다. '15M운동'의 시작이었다. 그 과정에서 모두가 참여하는, 민주적 의사결정이 가능한 소통 방식이 있지 않을까 고민하기 시작했다. 관심 있는 사람들이 여러 도구와 방법들을 사용해보면서 자연스럽게 팀이 형성됐다. 이것이 '라보데모'의 출발이다.

Q. 라보데모는 실제로 무슨 일을 하나.

A. 라보데모는 포데모스나 마드리드 시장을 배출한 '아오라 마드리드' 같은 정치연합 등의 디지털 전략을 설계했다. 예를 들어 포데모스의 공개토론 플랫폼인 '플라자 포데모스'와 시민 정책 제안 공간인 '시티즌스 이니셔티브' 플랫폼의 초기 모델을 개발하는 일이다. 지금은 EU에서 7개국이 소통하는 'D-CENT 프로젝트'를 위한 디지털 참여 도구를 설계하는 일에 참여하고 있다.

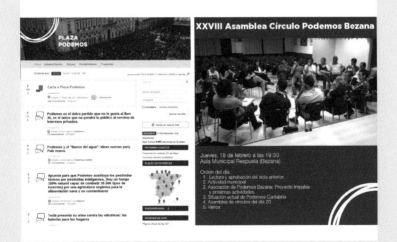

Q. 라보데모는 어떻게 포데모스와 함께 일하게 됐나.

A. 포데모스와 함께 일하게 된 것은 우연이었다. 수백만 명의 사람이 동시에 의사소통하고 논의의 결론을 도출할 수 있는 '앱그리Appgree'라는 공개 프로그램이 있었다. 많은 사람들을 대상으로 테스트해보고 싶었는데 녹색당은 규모가 작아 만족할 만한 결과를 얻지 못했다. 좀더 많은 사람이 있는 조직을 찾다가 대학생 기반의 조직인 '미래가 없는 젊은이들 Juventud Sin Futuro'을 만나 앱그리를 시험해볼 수 있었다. 결과는 매우 만족스러웠다. 이 친구들이 나중에 포데모스에 참여하면서 이야기를 한 모양이다. 어느 날 갑자기 포데모스로부터 전화가 와서는 "이런 도구를 통해서 모두가 참여하는 민주주의를 하고 싶다. 같이 일하자"는 연락을 받았다. 그렇게 포데모스의 플랫폼 설계에 참여하게 됐다.

Q. 지금 스페인은 포데모스뿐 아니라 새로운 신생정당들이 정치 변화의 물결을 만들어내고 있다.

A. 스페인에서 새로운 정당들이 성장하고 있는데, 흥미로운 점은 이들이 모두 경쟁적으로 '디지털 혁신'을 한다는 점이다. 작은 정당의 선두주자는 녹색당이었는데, 녹색당은 자본이 많지 않아 디지털 도구를 사용해 비용을 줄이면서도 당원 참여를 끌어내는 '차별점'을 만들어냈다. 이후 '엑스파티Partido X'라는 디지털 정당과 포데모스 등이 생겨났다. 엑스파티는 선거에서 1%도 채 득표하지 못한 채 사실상 해산되었다. 결과적으로 기존 미디어와 엘리트 집단의 리더십을 적극적으로 활용한 포데모스가 현실 정치에서는 더 힘을 발휘했고 대중의 지지를 끌어내는 데 성공

했다.

신생정당들은 서로의 방법을 모방하고 발전시키면서, '따로 또 같이' 성장하고 경쟁하면서 중앙과 지역 정치에서 일정한 성과를 거뒀다. 예 컨대 포데모스는 엑스파티가 사용했던 크라우드펀딩 전략을 차용해 당 비를 모으려는 시도를 했고, 큰 성공을 거뒀다. 또 온라인을 활용한 완전 시민경선을 할 때에, 각 정당들은 공개 소프트웨어를 지역별로 혹은 정 당별로 상황에 맞게 조금씩 바꿔서 활용했다. 상호교류는 하지만 중앙에 서 누가 관리하거나 통제하는 시스템이 아니라는 점이 주목할 만하다.

Q. 스페인에서는 어떻게 신생정당들이 대거 약진할 수 있었나.

A. 스페인 사람들은 정치에 매우 화가 난 상황이다. 그래서 정치인 출 신이 아닐 경우 더 많은 호감을 사는 경향이 있다. 정치인 출신은 특유 의 '관성'이 있을 수밖에 없다. 스페인 사람들은 변화를 원한다. 그래서 NGO나 기업, 법조계 등 정치가 아닌 다른 영역에서 일한 사람들이 정 치권에 들어가 변화를 일구길 기대한다. 지금 스페인은 새로움, 변화 를 원하는 시기다. 새로운 정당이 만들어지고 성장하기 매우 좋은 때다. 2016년은 지난해보다 훨씬 더 많은 정치세력이 성장할 것으로 보인다. 매우 역동적인 해가 될 것이다.

Q. 당신이 원하는 민주주의는 무엇인가.

A. 내가 생각하는 이상적 민주주의는 숙의민주주의, 직접민주주의, 그리 고 디지털민주주의다. 세 가지 모두 주요 포인트다. 숙의민주주의는 사

회에서 발생한 문제를 함께 토론하고 함께 생각하고 함께 배우는 것이다. 숙의 후에는 그 결과를 행동에 옮길 수 있는 직접민주주의가 필요하다. 이걸 가능하게 만드는 것이 디지털 도구를 통한 디지털민주주의다. 이 세 가지 요소가 결합한 민주주의가 이상적이다.

Q. 앞으로 라보데모의 계획은 무엇인가.

A. 스페인과 뉴질랜드는 물리적으로 매우 먼 거리지만, 스페인에서도 뉴질랜드의 의사결정 플랫폼인 루미오를 사용한다. 그래서 루미오 개발자들과 교류하고 있다. 홍콩, 한국, 일본도 관심 있게 지켜보고 있다. 한국은 엄청난 기술력을 갖고 있다. 스마트폰 사용자 비율도 매우 높다. 한국에서 디지털민주주의를 하려는 사람들이 늘어나면 스페인을 넘어서는 변화가 일어날 것이라고 생각한다.

스페인 안에서만 고민하는 것이 아니라 변화를 겪고 있는, 잠재력과 가능성을 가진 세계 여러 나라들과 함께 일해야 한다. 라보데모가 해왔던 실험들을 이제 더 국제적으로 실현하기 위해 글로벌 네트워크에 많은 관심을 가지려고 한다.

* 이 인터뷰는 2016년 2월 15일자 『한겨레21』에 '와글이 만난 몽상가들 ─'화장'만 고치는 정치는 이제 그만!'이라는 제목으로 실린 기사를 편집한 것입니다.

♥ 좋아요　　　💬 댓글달기　　　➡ 공유하기

4장 시적 감수성, 파격의 정치
－아이슬란드 해적당

2013년, 아이슬란드 국회에 '해적'이 나타났습니다. 17세기 말 해양을 누비며 무자비한 살상과 약탈을 일삼던 그 해적은 아닙니다. 바로 세계 최초로 해적당 소속 국회의원 3명이 탄생한 것입니다. 처음에는 스웨덴과 독일 등 유럽 내에서 해적당이 주목받으며 선거에서도 일시적 약진을 한 것으로 해석되었습니다. 그러나 2016년 5월 아이슬란드 해적당은 수십 년간 집권해온 독립당과 지지율 1위를 다투는 주요 정당으로 떠올랐고, 해적당의 간판 스타인 비르기타 욘스도티르Birgitta Jónsdóttir 의원은 유력한 차기 총리로 거론되고 있습니다. 대체 어떻게 된 일일까요?

세계 최초의 '해적당' 정권 탄생? ∨

오로라가 아름다운 아이슬란드에서는 '해적'이 전 국민적인 관심사로 떠올랐습니다. 바로 2016년 정당 지지도 조사에서 무려 43%를 기록한 '해적당' 때문입니다. 해적당은 의석 수로는 아이슬란드 국회 내 소수당에 불과하지만, 2016년 6월 기준 지지율은 29.9%로, 집권중인 독립당의 지지율(22.7%)을 상회하며 1위를 달리고 있습니다.[1]

세계 최초로 원내 진출에 성공한 아이슬란드 해적당. ⓒPíratar

해적당이라는 정당이 있다는 사실에 놀란 분들도 있을 것 같습니다. 거짓말 아니냐고요? 아이슬란드가 섬나라라서 해적당이 있는 것 아니냐고요? 물론 아닙니다. 해적당은 아이슬란드 외에도 스웨덴, 독일, 체코, 프랑스, 스위스 등 유럽 여러 나라에서 정식으로 활동중인 정당이고 우리나라에서도 19대 총선이 열린 2012년에 해적당을 만들기 위한 모임이 열리기도 했습니다. 현재 유럽의회 의원부터 조그만 지자체장까지 수는 적지만 실제 해적당 소속

현역 정치인도 있습니다.

해적당이 최초로 등장한 것은 2006년 스웨덴입니다. 해적당은 몰라도 '해적판'은 들어보셨을 겁니다. 해적당이라는 이름은 저작권 허가를 받지 않은 불법복제판을 의미하는 해적pirate이란 용어를, 역설적으로 '정보의 자유로운 공유와 이용'을 주장하며 정치적 구호로 삼은 데서 시작되었습니다. 이렇게 등장한 해적당은 초기에는 소프트웨어 개발자 등 엔지니어들이 중심이 되어 저작권에 관련된 각종 규제 철폐를 추진하는 운동단체에 가까웠습니다.

2006년 치러진 총선에서 스웨덴 해적당은 3만여 표(전체 유효표의 0.6%)만을 득표해 원내 진출에 실패했지만, 3년 뒤인 2009년 치러진 유럽의회 선거에서 7%가량으로 지지율이 크게 올라 소속 의원 1명을 유럽의회에 진출시켰습니다. 기상천외한 해적당의 유럽의회 진출로 전 세계의 이목이 집중되었습니다.

이후 유럽을 포함한 전 세계 여러 나라에 해적당이 창당되었고, 특히 독일에서 눈에 띄는 성장을 했습니다. 2011년 우리나라 서울시의회와 비슷한 베를린 주의회 선거에서 8.9%를 득표한 독일 해적당은 전체 141석 중 10%가 넘는 15석을 차지하게 됩니다. 이듬해 치러진 다른 자치주 선거에서도 7~9% 사이의 고른 득표율로 속속 의회에 진출했습니다.

하지만 이 열기는 오래가지 못했습니다. 이후 치러진 각 국가별 선거에서 해적당은 2%에 못 미치는 지지율을 보이며 대부분 원내 진출에 실패하거나 간신히 의석을 유지하는 수준으로 줄어들었습

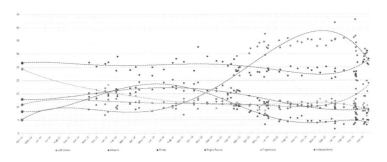

아이슬란드 해적당 지지율 추이 (파란색)

니다. 2016년, 국회에 의석을 갖고 있는 해적당은 전 세계에서 아이슬란드(3석)가 유일합니다.

세계적으로 해적당이 쇠퇴하는 추세와는 대조적으로, 아이슬란드 해적당은 높은 지지율을 기록하고 있습니다. 놀랍게도 이는 여론조사상의 오류나 일시적인 신기루가 아닙니다. 해적당의 지지율은 2015년 가을부터 계속 상승해 1년 가까이 30%가 넘는 지지율을 유지해오고 있기 때문입니다.[2] 전체 63석인 아이슬란드 국회에서 단 3석을 차지하고 있을 뿐인 해적당이 유력한 차기 집권당으로 떠오른 것이지요.

이쯤 되면 해적당의 당론이 무엇이기에 이토록 아이슬란드 국민들의 열렬한 지지를 받는지 궁금해집니다. 아이슬란드 해적당의 정책공약들을 들여다보면 심상치가 않습니다. 주 35시간 노동, 직접민주주의 기반의 시민발의 제도화, 국회의원의 장관 겸직 제한…… '반기득권 정당'이라고 불리는 해적당의 정책들은 기성

정치권이나 거대 자본을 가진 기업들이 반대해마지않을 내용으로 가득합니다.[3]

　해적당을 이끌고 있는 비르기타 욘스도티르는 최근 법정 선거비용이 너무 높게 책정되어 있다는 발언을 하기도 했습니다. 2017년 치러질 총선 결과에 따라 원내에 진출한 정당들은 2억 9000만 크로나(약 30억원)를 지지율에 따라 나눠 가지고, 확보한 의석 수에 비례해 5200만 크로나를 추가로 받게 됩니다.[4] 욘스도티르 의원은 선거비용 보전을 위해 지급되는 이 돈에 대해 다음과 같이 말했습니다.

　우리는 이런 돈을 받을 거라고 기대하지 않았습니다. 신경쓰지도 않아요. 민주주의는 정부로부터 엄청난 돈을 받는 것과 무관하게 굴러가는 무엇입니다. 지난 선거를 앞두고 해적당은 벼룩시장을 열어서 선거캠페인 비용을 마련했고, 그걸로 충분해요. 당직자들의 급여를 줄 수 있으면 된다고 느낍니다. 그 이상은 너무 많아요.[5]

　국고 보조금을 한푼이라도 더 받기 위해 혈안이 된 기성정당들이 들으면 놀랄 만한 이야기입니다. 제도 안에 있으면서 제도 자체를 뒤집어보게 만드는 이 삐딱함, 반기득권, '반제도권 정당'으로서의 독특한 성격이 바로 해적당과 다른 정당의 명확한 차별점입니다.

"나는 정치하는 시인Poetician입니다"   ⌄

비르기타 욘스도티르는 아이슬란드 해적당을 대표하는 인물입니다. 2016년 현재 마흔아홉 살인 그녀는 스스로를 시인이자 세 아이의 엄마라고 소개합니다. 해적당은 대표나 총재 같은 지도자급 직위를 두지 않지만, 그녀는 정치 경력 5년차의 재선 국회의원으로 해적당을 이끌고 있습니다. 비르기타는 해적당의 지지율 상승과 더불어 자연스레 아이슬란드를 이끌 차기 총리로 거론되고 있지요.

재선 국회의원이라고 하면 어떤 모습이 떠오르시나요? 전문직의 중년 남성, 잘 차려입은 양복, 화려한 언변, 유복한 가정환경, 하지만 뭔가 미심쩍은 듯한 태도…… 세계 어느 나라를 가더라도 장관이나 국회의원들은 대개 비슷합니다. 비르기타는 그런 통념과는 완전히 다른 인물입니다.

그녀는 어린 시절에 아버지가 바다에 몸을 던져 실종된 후 우울한 청년기를 보냈습니다. 그 시절을 돌아보면서 스스로를 '미운 오리 새끼' 같았다고 말하기도 했죠. 하지만 불행은 이것으로 끝나지 않았습니다. 결혼한 지 얼마 지나지 않아 남편이 행방불명되는 일이 생긴 것입니다. 크리스마스 다음날 사라진 남편은 5년 만에 주검이 되어 돌아왔습니다.

하지만 비르기타는 기구한 삶에서 받은 고통을 부정하거나 회피하지 않았습니다. 극심한 고통 속에서 그녀는 개인의 삶과 사회가 분리되어 있지 않다는 것을 깊이 깨닫게 됩니다. 비르기타는 다른 사람들의 고통에 깊이 공감하고 소통할 수 있게 되었고, 자신의 에너지를 창작 활동과 사회운동으로 승화시켰습니다. 그녀가 스스로를 '시 쓰는 정치인'이 아니라 '정치하는 시인'이라고 소개하는 이유이기도 합니다.

자신이 정치인이 될 줄은 꿈에도 몰랐다는 그녀가 정치에 참여하게 된 계기는 2008년 아이슬란드 경제위기로 거슬러올라갑니다. 당시 아이슬란드는 미국 금융위기의 여파로 엄청난 양의 외화가 빠져나가면서 심각한 경제난을 겪게 됩니다. 한때 국민소득 세계 5위를 자랑했던 아이슬란드는 순식간에 국가부도 직전까지 갔다가, IMF의 구제금융으로 간신히 위기를 모면합니다. 하지만 국민소득과 화폐 가치가 뚝 떨어지고 실업률과 물가가 치솟는 것을

평범한 세 아이의 엄마였던 비르기타 욘스도티르는 프라이팬운동을 계기로 정치에 관심을 갖게 되었고, 현재 유력한 차기 총리로 거론되고 있다. ©Stymir Kari

막을 수는 없었습니다.

이 사태로 수많은 아이슬란드 시민들이 거리로 나와 책임자들을 규탄하는 시위를 벌였습니다. 아이슬란드 경제의 엄청난 성장세가 사실은 투기 자본에 의한 신기루였다는 것이 드러났고, 위기를 알고서도 외면한 금융 관료들과 정치인들을 향한 시민들의 분노가 폭발한 것이죠.

시민들은 부엌에 있는 냄비며 프라이팬을 들고 수도 레이캬비크의 국회 앞으로 몰려갔고, 이를 저지하려는 국회 경위는 물론 기자들까지 한데 뒤엉켜 그야말로 아수라장이었습니다. '프라이팬혁명Pots-and-pans Revolution'이라고 불린 이 시위로 재임중이던 게이르 하르데Geir Haarde 총리가 사퇴하고 조기 총선이 치러지게 됩니다.

비르기타 역시 프라이팬을 들고 거리로 나섰던 수많은 시민 가운데 한 사람이었습니다. 한 번도 정치에 직접 참여할 생각을 해보지 않았지만 잘못된 정치가 사람들에게 얼마나 나쁜 영향을 미치는지, 그래서 정치를 바꾸는 것이 얼마나 중요한지 새롭게 생각하게 된 것입니다.

사람들 대다수는 좌우 이념으로 대립하는 정치가 더이상 쓸모없다는 걸 깨달았어요. 그것이 모두 낡은 이데올로기라는 것도요. 기본적인 권리 보장과 민주주의 혁신이라는 상식적이고 보편적인 문제를 해결할 정치가 정말 중요해진 거죠.[6]

프라이팬혁명 당시 주방용품을 들고 나와 시위를 벌이는 아이슬란드 시민들 ©Wikimedia(좌),©Pall Himmarsson(우)

아이슬란드의 제헌절인 2008년 12월 1일, 조기 총선을 앞두고 레이캬비크에서 또 한번 대규모 시위가 열렸습니다. 비르기타는 이 시위를 준비하면서 알게 된 사람들과 '시민운동Borgarahreyfingin' 이라는 정당을 만들었습니다.

2009년 전임 총리의 사퇴로 치러진 조기 총선에서 신흥정당 '시민운동'은 경제위기로 기성정치권에 실망한 시민들의 지지에 힘입어 약 7%를 득표, 4석을 얻어 아이슬란드 국회에 진출하게 됩니다. 1997년 한국에서 벌어졌던 IMF 사태의 여파로 집권 여당이 패배하고 최초의 정권 교체가 이루어졌던 것처럼, 당시 아이슬란드에서도 독립당이 참패하고 오랜 야당이었던 사회민주동맹SDA이 이끄는 새로운 정권이 등장했죠. '시민운동'은 독립당, 사회민주동맹 등 전통적인 정당과 완전히 다른 원내정당으로 반부패와 정치개혁을 의제로 내세웠습니다.

평소 비르기타는 온라인상의 정보유통과 표현의 자유 문제에 관심을 갖고 있었습니다. 국회의원이 된 그녀는 2010년 위키리크스의 설립자인 줄리언 어산지가 아이슬란드를 방문한 것을 계기로 국제미디어 기구IMMI, International Modern Media Institute를 설립합니다. 이를 통해 비르기타는 아이슬란드를 '표현의 자유가 보장되는 지역'으로 만드는 법안을 추진하는데, 이 법안의 핵심은 정보공개·공개연설·의사표현의 완전한 자유를 보장하여 아이슬란드에서 누구도 이러한 행동을 저지하거나 처벌할 수 없게 하는 것입니다. 이 법안은 성공적으로 통과되었고, 아이슬란드는 언론의 자유가 완전히 보장되는 '탐사보도 피난처'로 국제적인 명성을 떨치게 되었습니다.

> ## 크라우드소싱으로 헌법을 만든다?   ⌄

이후에도 비르기타는 계속해서 시민운동 소속의 국회의원으로 활동합니다. 하지만 표현의 자유 법안을 추진한 데에서 드러나듯이, 그녀는 단순한 정치인으로 머무르려고 하지 않았습니다. 비르기타는 정치를 하는 것의 의미를 다음과 같이 밝혔습니다.

저는 정치인으로서의 활동을 해커의 관점에서 접근합니다. 특히 불가능에 대해 생각지 않는데, 한계를 인식하는 순간 그것에 얽매이게 되거든요. 한

계를 인식하지 않을 때 그걸 부술 가능성도 생기는 거죠.[7]

여기서 말하는 '해커'란 컴퓨터 시스템에 침입해 데이터를 파괴하는 이들을 뜻하는 것이 아니라, 새로운 접근으로 기존의 관습이나 규칙을 변화시키는 혁신가를 가리킵니다. 처음 국회의원이 된 뒤로 그녀는 줄곧 이러한 관점을 통해서 정치를 해나간 것이죠. 그리고 이와 관련해 아이슬란드에서 아주 중요한 사건이 벌어집니다.

경제위기의 여파로, 2009년 총선이 치러지고 아이슬란드에 새로운 정부가 들어선 이후에도 시위는 계속되었습니다. 사람들은 경제위기 책임자를 처벌하라는 요구를 넘어서서, '정치개혁을 위한 개헌'을 추진해야 한다고 목소리를 높이기 시작합니다. 더이상 정치인들에게만 정치를 맡겨선 안 된다고 주장하며, 시민들이 일상적으로 정치적 의사결정 과정에 직접 참여할 수 있도록 국가의 근본적 정치구조를 바꾸기를 원했습니다. 고양이에게 생선을 맡긴 결과 무슨 일이 일어나는지 2008년 금융위기를 통해 뼈저리게 느꼈기 때문입니다.

첫 여성 총리가 된 요한나 시귀르다르도티르 Jóhanna Sigurðardóttir 가 이끄는 집권당 사회민주동맹 역시 이러한 시민들의 열망을 잘 알고 있었습니다. 그래서 새롭게 들어선 아이슬란드 정부는 개헌을 추진하기로 결정했고, 추진 과정에서 시민들의 참여가 단순 여론조사에 그치지 않게 하기 위해 여러 장치를 고안했습니다. 이에

따라 시민들의 목소리를 반영한 진정한 정치개혁을 위해 세계 최
초로 크라우드소싱 방식의 개헌을 추진하게 됩니다.

아이슬란드 정부는 각계각층을 대표하는 시민들이 국가의 정치
구조와 운영 방식을 결정하는 새 헌법에 대해 의견을 낼 수 있도
록 '전국포럼'을 개최했습니다. 이 전국포럼에는 인구 비례에 맞게
남녀노소, 다양한 직업과 계층의 시민 950명이 모여 6개의 중요
한 의제를 다루었습니다. 포럼에 참석한 시민들은 8명씩 한 조로
전문적인 회의 진행자의 도움을 받아 6개 의제를 중심으로 자신
이 바라는 아이슬란드의 미래에 대해 하루종일 열띤 토론을 진행
했죠.

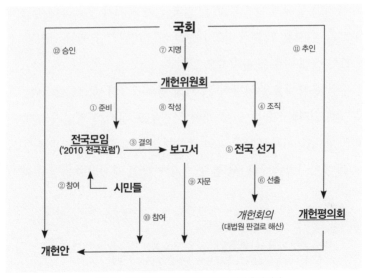

크라우드소싱을 활용한 아이슬란드의 헌법 개정 추진 과정

전국포럼에서 논의된 내용은 보고서로 작성되었는데, 이중에는 천연자원 공영화와 국가 재정운용의 정치적 독립성 확보와 같은 중요한 내용이 담겨 있었습니다.[8]

　이러한 내용들은 새로운 헌법 초안에 반영되었고, 국민투표까지 통과했습니다. 국회의 최종 표결만 거치면 세계 최초로 크라우드소싱 방식을 통해 시민들의 폭넓은 의견 수렴을 거쳐 탄생한 헌법이 제정되는 상황이었습니다.

　그러나 안타깝게도 2010년부터 2012년까지 3년에 걸쳐 진행된 이 헌법 개정은 결국 무산되고 맙니다. 첫번째 장애물은 대법원의 개헌회의Constitutional Assembly 선거무효 판결이었습니다. 개헌안을 작성할 개헌회의 대의원 선거가 열렸던 2010년 당시 투표소와 투표 용지에 문제가 발견되었고, 결국 선거 자체가 무효라는 판결이 내려진 겁니다. 판결을 내린 대법원에는 이전 정권에서 임명된 대법관이 절대 다수를 차지하고 있었죠.

　두번째 장애물은 야당이 된 기성 정치세력의 방해였습니다. 독립당은 필리버스터를 열어 개헌 국민투표 실시를 지연시키거나, 회의 개최를 거부하여 국회의 개헌안 최종 표결을 2013년 총선 이후로 연기시켰습니다. 총선 결과 집권당인 사회민주동맹이 패배

◤Key Word
필리버스터filibuster
의회 안에서 다수파의 독주를 막거나 의사진행을 저지하기 위해 연설, 출석거부, 총퇴장 등의 합법적인 수단을 동원하는 행위를 말한다.

하고 기성 정치세력인 독립당과 진보당이 1당으로 복귀하게 됩니다. 이들은 개헌안에 대한 표결을 거부함으로써 개헌안을 사실상 폐기시킵니다.

> ## 해적당, 더 나은 민주주의를 사냥하다 ⌄

헌법 개정이 실패한 건 추진 과정이 빠르게 이루어지지 않았기 때문이에요. 반면 제가 추진한 표현의 자유 법안은 그렇지 않았습니다. 전 세계의 사람들이 온라인을 통해 참여한 덕분에 엄청난 양의 일을 짧은 시간 안에 해낼 수 있었죠.[9]

비르기타는 언론 인터뷰를 통해 아이슬란드의 헌법 개정 과정에 대해 이렇게 평가했습니다. 단순히 많은 사람들을 모으기만 하는 것으로는 부족하고 더 빨리, 더 많은 참여 에너지를 조직할 수 있어야 한다는 것이 그녀의 생각이었습니다.

새로운 변화를 만들어낼 수 있는 '시간의 창time window'은 오래가지 않습니다. 아주 금방 왔다가 사라지죠. 시간이 많다고 생각하지 말고, 항상 준비해야 합니다.[10]

헌법 개정은 실패했지만, 비르기타는 이것으로 모든 일이 끝났다고 생각하지 않았습니다. 그녀는 헌법 개정이 불투명해진 2012년 연말에 동료들과 함께 '해적당'을 새롭게 창당합니다. 해적당의 창당은 3년 전 시민운동 창당의 연장선상에 있었습니다. 여전히 사람들은 변화된 정치와 새로운 아이슬란드를 원하고 있었고, 언제 닥칠지 모르는 변화의 시기에 더 많은 사람들이 즉각적으로 참여할 수 있는 형태의 새로운 정당이 필요하다고 생각한 것이죠. 정보의 공유 그리고 온라인을 통한 자유로운 활동에 방점을 찍은 해적당의 정체성을 통해, 비르기타는 자신과 동료들이 하려는 바를 명확하게 드러냈습니다.

2013년 4월 치러진 아이슬란드 총선에서 해적당은 의회 진출에 필요한 최소 득표율인 5%를 넘겨 3석을 확보합니다. 큰 성공은 아니었지만, 새로운 일을 추진해보기엔 충분한 의석이었습니다.

아이슬란드 해적당은 비르기타가 이야기한 '갑작스런 변화'에 빠르고 효과적으로 대응할 수 있는 온라인 의사결정 플랫폼(x.piratar.is)을 구축했습니다. 다른 사람들에게 자신의 투표권을 위임할 수 있는 '리퀴드 피드백' 시스템을 기반으로 만든 이 웹사이트에서는, 당원은 물론 당원이 아닌 사람들도 참여할 수 있는 공간이 별도로 마련되어 있습니다. 이곳에서 후보선출, 정책결정, 토론 등이 이루어집니다.

아이슬란드 해적당의 온라인 의사결정 과정은 다음과 같이 진행됩니다. 우선 누군가 의제를 제시하면 해당 의제에 대해 토론하고 의사를 결정할 사람들을 모집합니다. 토론에 참여한 사람들은

아이슬란드 해적당 소속 의원   ⊗

이름	비르기타 욘스도티르Birgitta Jónsdóttir	헬기 군나르손Helgi Hrafn Gunnarsson
출생년도	1967년 4월 17일	1980년 10월 22일
이전 직업	시인, 시민운동가	프로그래머
소개	2009년 시민운동 소속으로 처음 국회의원이 된 이후, 2012년 해적당을 창당해 재선에 성공했다. 최근에는 차기 총리 후보로 부상해 전 세계의 주목을 받고 있다.	프로그래머이자 해커 출신으로, 주소와 종교 등 민감한 개인정보를 공개하도록 규정한 아이슬란드 법률을 개정하는 일에 많은 노력을 기울이고 있다.

이름	욘 올라프손Jón Þór Ólafsson (사퇴)	오스타 헬가도티르Ásta G. Helgadóttir (승계)
출생년도	1977년 3월 13일	1990년 2월 5일
이전 직업	작가	학생
소개	대학에서 경영학을 전공하고 작가로 활동하다 해적당에 합류해 국회의원으로 당선. 2015년 집필에 집중하고 풀뿌리 시민으로 돌아가고자 의원직을 사퇴하고 현재는 공사장 인부, 주유소 직원 등 일용노동자로 지내고 있다.	10대 시절 '프라이팬혁명'을 목격한 것을 계기로 정치에 관심을 갖게 되었으며, 대학에서 정치사를 전공했다. 아이슬란드 해적당이 창당되던 2013년에 당원 활동을 시작했으며, 2015년 올라프손 의원의 사퇴로 의원직을 승계했다.

자유롭게 의견을 개진하면서 의제에 관한 결정문을 작성하는데, 이때 문서는 토론에 참여한 모든 이가 편집할 수 있는 크라우드소싱 형식입니다. 물론 여러 개의 문서가 동시에 작성될 수도 있습니다.

　마지막으로 어떤 문서를 최종 결정문으로 할지 표결이 진행됩니다(당원이라도 처음부터 토론에 참여하지 않은 사람들은 투표할 수 없음), 이때 표결 참여자들은 자신의 의사결정 권한을 다른 사람들한테 넘겨줄 수 있습니다. 이처럼 투표권의 위임이 가능한 표결 시스템이 '리퀴드 피드백'입니다. 이 리퀴드 피드백 시스템은 독일 해적당에서 처음 개발해 세계 곳곳으로 퍼져나갔죠. 아이슬란드 해적당은 이와 같은 유연한 의사결정 시스템을 이용해 광범위한 이슈와 사회 문제에 관한 자신들의 입장을 정리했습니다.

　해적당의 공식 정책 가운데에는 이미 창당 초기부터 줄기차게 주장해온 개헌안의 계승도 포함되어 있습니다. 천연자원 공영화와 정치개혁 등 이미 국민들의 동의를 거친 내용을 수용하지 않을 이유가 없다는 것이죠.

　그리고 2014년 7월, 이렇게 준비하고 있던 해적당에 전혀 예기치 못한 '기회'가 찾아옵니다. 집권중이던 진보당·독립당 정권이 2008년 금융위기를 초래한 책임으로 사퇴한 하르데 전 총리를 미국 대사로 지명한 것이 국민의 반발을 산 것입니다. 이 사건을 기점으로 집권당의 지지율이 하락하기 시작합니다. 그런데 동시에 놀랍게도 해적당에 대한 지지가 수직 상승하기 시작해 2015년 초에는 집권당의 지지율을 앞지르는 수준이 되었습니다.

2016년 4월에는 집권당인 진보당 소속의 시그문뒤르 귄로이그손Sigmundur Gunnlaugsson 총리가 사임합니다. 전 세계 유명 인사들의 탈세 행적이 담긴 '파나마 페이퍼'에 이름이 올랐기 때문입니다. 그는 아이슬란드 경제위기 당시 파산 직전 은행들의 구조조정을 진두지휘하면서 국민들의 신뢰를 얻어 총리직에 오른 인물입니다. 그런데 당시 구조조정 대상이었던 은행에 많은 돈을 투자한 사실이 파나마 페이퍼를 통해 드러났습니다. 국민들은 분노했죠.

그 직후 실시된 정당 지지도 여론조사에서 해적당은 43%라는 역대 최고의 지지율을 기록합니다. '정말로 믿을 놈 없다'며 실망한 시민들은 자본과 결탁한 권력에 대한 커다란 불신을 갖게 되었고, 돈과 권력 자체에 연연하지 않을 새로운 정치세력으로서 해적당에게 한층 견고한 지지를 보낸 것이지요.

해적, 스스로 보물이 되다 ⌄

비르기타는 "국회의원으로 있는 동안 국회라는 '큰 텐트'에서 가장 귀찮은 모기가 되겠다"고 약속했습니다.[11] 그녀는 2009년 이후 그러한 '모기' 역할을 훌륭히 수행해왔고 이제 아이슬란드 시민들은 해적당이 '모기'가 아니라 '독수리'가 되어 구태 정치인들을 청소해주길 바라고 있습니다.

아이슬란드 사람들이 해적당에 애정을 갖는 이유는 명백합니다. 경제위기와 탈세 스캔들을 통해서 자본과 결탁된 정치권이 얼마나 쉽게 부패와 무능에 빠지는지 두 번이나 눈으로 확인했기 때문입니다. 하르데 전 총리가 정치적으로 복권되자 새로운 위기가 찾아올지 모른다는 공포를 느낀 시민들은 기존 정치권이 반복해서 범하는 잘못을 완전히 끊어낼 새로운 정치세력을 찾아나선 것입니다. 권력을 유지하는 데에만 관심이 있는 기존 정당이 아니라, 시민들이 일상적으로 정치에 참여하는 상향식 직접민주주의를 구현할 수 있는 해적당은 그야말로 시민들이 찾아낸 '보물'이었습니다.

앞서 말했지만 이 보물은 하늘에서 떨어진 것이 결코 아닙니다. 해적당과 비르기타를 비롯해 새로운 정치를 꿈꿔온 시민들이 구체적인 목표와 방향을 잡고 기울여온 노력이 변화의 기회를 만난 결과입니다. 이 노력에는 기회가 왔을 때 기민하게 움직일 수 있도록 해주는 도구와, 이 도구를 사용할 수 있는 인물들을 찾아내 조직하는 것까지 포함됩니다.

주목할 만한 점은, 3년 동안 추진되었던 개헌이 무산되면서 시민들의 직접 참여를 통한 정치혁신이 실패할 위기에 처했지만, 이에 굴복하지 않은 해적당의 다양한 노력으로 그 위기를 극복할 기회를 만들었다는 것입니다. 비르기타와 해적당은 물론 다양한 시민그룹들의 끊이지 않는 참여와 에너지로 위기에 대응할 수 있는 힘과 조직력이 형성되었고, 이것이 실질적인 변화를 만들어낸 것입니다. 학술용어로 '퇴적층 네트워크Sedimentary Network'라고 부르는 이 견고한 흐름은 온오프라인을 통한 풀뿌리 수준의 시민참여가 결코 '일회성'에 그치지 않는다는 사실을 잘 보여줍니다.[12]

아이슬란드 해적당의 약진은 시민들이 과거로의 회귀를 거부한다는 것을 보여줍니다. 좌우 이념에 기반한 기성 정치세력이 권력을 독점하는 형태에서 벗어난 새로운 정치를 원하는 시민들이 늘어나고 있습니다. 또 그러한 목소리에 응답하는 새로운 정치세력은 반드시 세상을 변화시킬 기회를 얻게 된다는 점도 해적당의 사례에서 확인할 수 있습니다.

2016년 현재 해적당의 지지율은 다소 떨어졌지만, 녹색당 등과 연정을 통해 집권할 수 있는 가능성은 여전히 매우 높습니다. 같은 해 10월 치러질 총선을 앞둔 상황에서, 국회로 들어간 해적이 아이슬란드 시민들에게 어떤 '보물'을 선사할지 흥미진진한 이야기가 우리를 기다리고 있습니다.

2부

디지털민주주의, 상상에서 현실로

OK

시민참여정치를 촉진시키는 플랫폼

온라인 플랫폼이란 인터넷이나 SNS를 통해서 정보를 검색하고 공유하며, 다양한 사용자들이 수평적으로 교류하고, 특정 목적을 위해서 협력할 수 있는 네트워크 기반의 도구를 의미합니다. 이 가운데서도 온라인 '시민' 플랫폼은 시민들이 공익적 목적으로 정보를 공유하고, 교류 협력하며, 집단행동을 조직할 수 있는 네트워크를 말합니다. 흔히 온라인 플랫폼에 대해서 가지기 쉬운 두 가지 오해가 있습니다. 하나는 온라인을 경시하는 경향이고 다른 하나는 온라인을 과신하는 경향입니다.

온라인 경시는 수평적이고 개방적인 의사결정 방식의 중요성과 가치를 무시할 때 생깁니다. 루미오^{Loomio}는 찬반양론을 묻고 의견을 게시하는 아주 간단한 의사결정 플랫폼입니다. '그게 뭐가 대단하다는 거지? 별것 아니던데……'라고 생각하는 이들도 있습니다. 목소리가 큰 사람, 직급이 높은 사람일수록 그런 반응을 보입니다. 조직 내에서 자기 의견을 대놓고 말하기 꺼리는 사람들, 말주변이 없거나 소심하거나 얘기해봤자 무시당할 것 같아 지레 마음을 내보이기 싫어하는 사람들이 가만히 있다고 해서 그 의견에 동의하는 게 아니라는 걸 잘 모르는 분들입니다.

온라인 플랫폼은 누구나 평등하게 토론에 임하고 자신을 표현할 수 있도록 도와주는 기능을 합니다. 교실에서 책상을 어떻게 배치하느냐 하는 문제는 아주 사소하게 보일 수 있지만, 한 명의 교사를 향해 일렬로 줄지어 책상을 놓았을 때와 둥글게 원탁 모양으로 만들거나 모둠형으로 책상을 놓았을 때의 분위기는 확연히 다릅니다. 온라인 플랫폼은 큰 원탁에 둘러앉은 것처럼 모두가 평등하고 존중받는 수평적 관계를 설정하는 가상의 장치입니다. 그런 관계에서 보다 자유롭고 창의적인 '날것'의 의견이 나올 수 있습니다. 그 의견들이 서로 소통되고 보완되고 수정되면서 집단지성이 발휘됩니다. '온라인 도구는 나중에 시간 날 때 천천히 이용하지 뭐……'라는 태도로는 조직의 혁신과 새로운 리더십 양성이 어렵습니다.

다른 한편, 온라인 시민 플랫폼만 구축하면 뭐든 될 거라고 믿는 것도 착각입니다. 와글이 한 소셜펀딩서비스를 통해 다양한 해외 온라인 플랫폼 사례를 소개한 뒤, "우리 지역에도 온라인 플랫폼 하나 만들고 싶다"고 연락하는 분들이 적지 않았습니다. "개발자도 구해놨고 자금도 모으고 있다"면서 뭔가 대단한 일이 벌어질 것처럼 기대를 걸고 계시지요. 그러나 온라인 플랫폼은 도깨비방망이가 아닙니다. 온라인 플랫폼을 만들어둔다고 해서 저절로 시민들이 모여들고, 정당이 만들어지는 게 아닙니다.

지난 2015년 12월 와글의 초청으로 한국을 찾은 영국 애버딘 대학의 크리스티나 플레셔 포미나야 Cristina Flesher Fominaya 교수가 '디지털 기술과 민주주의'를 주제로 한 강연 내내 강조한 것도 온라인과 오프라인의 상호보완적인 관계에 대한 것이었습니다. 스페인의 15M운동에서 트위터가 시위의 확산과 발전에 중요한 역할을 했다고 알려져 있지만, 당시 스페인의 트위터 사용자는 총 인구의 4.3%뿐이었습니다. 다만 이것이 상호호혜와 신뢰로 다져진 오프라인 주민단체와 연결되어 군중을 시위에 참여하게 하는 증폭력을 발휘했다는 것입니다.

2부에서 소개하는 온라인 플랫폼—루미오, 브리게이드, 폴리스, 데모크라시OS 등은 활동 시간대와 지역에 관계없이 특정 사안에 대해 다양한 사람들이 의견을 모으고 집단행동을 준비하는 데 유용한 도구들입니다. 이런 도구들을 통해서 보다 민주적이고 개방적인 토론을 이끌어내고 많은 시민들이 논의에 참여할 수 있도록 유도할 수 있습니다. 마드리드 시의회의 '디사이드 마드리드'와 대만의 '거브제로'는, 비슷한 생각을 가진 사람끼리 협력하기 쉽도록 플랫폼을 설계하는 것이 시민참여에서 얼마나 중요한지 보여주는 사례입니다.

플랫폼에서 얻은 정보를 이용해서 새로운 제안을 했을 때, 그것이 정치를 바꾸고 운동을 조직하는 데 효능감 있게 쓰이지 못하면 시민의 참여 의지는 떨어질 수밖에 없습니다. 핀란드 오픈미니스트리와 에스토니아 라흐바코구(민회)를 통한 시민입법 사례는 온라인 플랫폼이 어떻게 시민의 정치적 권능을 강화하는 데 실질적으로 쓰일 수 있는지 보여줍니다. 온라인 플랫폼의 효과와 한계를 충분히 이해하고 이를 오프라인 역량과 결합시킬 때, 시민이 주도하는 정치개혁에 한발 다가설 수 있습니다.

1장 언제나 어디서나 누구나
—의사결정 플랫폼 루미오
🔍

새로운 기술은 양날의 칼입니다. 어떻게 활용하는지에 따라 전혀 다른 결과가 나옵니다. 힘있는 이들이 권력과 부를 유지하기 위해 개발한 기술이, 권력에 대항하는 이들의 손에 들어가 권력자를 무너뜨리는 무기가 되기도 합니다. 15세기 인쇄술이 중세교회의 권력을 무너뜨렸다면, 21세기에는 디지털기술이 그러한 역할을 할 수 있습니다. 군중의 힘, 인터넷과 SNS로 실시간 정보를 공유하고 유포하는 수많은 '엄지들의 힘'이 정보와 미디어를 독점해온 소수 권력자들의 능력에 도전하는 시대가 온 것이죠.

기술의 역습, 누가 어떤 목적으로 쓸 것인가   ⌄

15세기에 구텐베르크가 인쇄술을 처음 발명했을 때, 그 사실을 가
장 반긴 것은 중세 교회였습니다. 수작업으로 일일이 쓰고 그래서
팔아먹던 면죄부를 대량인쇄로 찍어낼 수 있게 되었기 때문이지
요. 성직자들은 "헌금통에 동전이 딸랑거리며 떨어지는 순간, 네
영혼이 연옥에서 벗어나 하늘나라로 날아오르리라"[1]라고 설교하
며 교황의 서명이 찍힌 면죄부를 누구나 돈만 내면 살 수 있도록
했습니다. 이걸 뚝딱뚝딱 찍어내는 인쇄기는 교회 입장에서 보면
그야말로 '황금알을 낳는 거위'였죠.

　그러니 이 '황금거위'가 다른 용도로 사용되었을 때, 가장 당황
한 것은 교회였습니다. 1517년 마르틴 루터가 타락한 교회를 질
타하며 「95개조 반박문」을 발표하고, 이 반박문이 대량으로 인쇄
되어 유럽 전역에 배포되었던 것입니다. 이 사건으로 중세 교회의
절대적 권위를 무너뜨린 종교개혁이 시작되었고, 유럽은 구교와
신교를 지지하는 세력으로 갈라져 오랜 기간 전쟁까지 치르게 됩
니다. 이 과정에서 기존 교회(구교)는 유럽 전역에 떨치던 지배력
을 크게 잃고 말았습니다. 권력을 유지하고 강화하는 데 활용되었
던 기술이, 반대로 그 권력의 실상을 폭로하고 무너뜨리는 역할을
하게 된 것이지요.

　21세기의 인터넷과 SNS 또한 마찬가지입니다. 정보와 자원을
이미 확보했더라도, 그것을 어떻게 쓰느냐에 따라 영향력을 확대

할 수도 있고 반대로 몰락의 길을 걸을 수도 있습니다. 인터넷이 기성 권력의 독점적 아성을 무너뜨리는 데 쓰일 수 있다는 사실을 보여준 최근 사례들이 여럿 있습니다. 2011년 이집트혁명에서부터 월가 점령시위, 유럽의 긴축반대운동, 그리고 해적당과 포데모스, 오성운동 등 일련의 혁신운동은 모두 새로운 기술을 기반으로 했습니다.

우리나라 정치인들이 인터넷을 활용하는 모습을 들여다보면 이도 저도 아닌 경우가 많습니다. 대부분의 정치인들은 이를 여전히 자신의 홍보 도구로만 여기고, 선거 때마다 블로그나 개인 SNS 계정을 앞다퉈 개설하지만 실제 사람들이 관심을 기울이는 경우는 그리 많지 않습니다. 이유는 간단합니다. 인터넷기술의 생명이 '쌍방향성'인데, 일방적으로 자기 선전만 하려 드니 반기는 사람이 아무도 없는 것이죠.

누가 어떤 목적으로 어떻게 사용하느냐에 따라서 기술은 권력을 유지하고 세상을 감시하는 도구가 될 수도 있고, 시민의 힘을 모으고 부당한 권력을 몰아내는 무기가 될 수도 있습니다. 1장에서 소개할 '루미오'는 시민들의 소통능력을 강화하고 더 나은 의사결정을 이끌어내기 위해 개발된 기술의 좋은 예입니다. 일방적인 선전과 홍보가 아니라, 쌍방향, 다방향으로 소통하고 공유하며 진화하는 디지털기술의 면모를 잘 보여주는 사례이기도 합니다.

루미오를 만든 청년들, 벤과 리처드 이야기　　　　∨

2011년 9월, 뉴욕의 월스트리트에 미국 사회의 부조리한 경제구조에 항의하는 시민들이 모였습니다. 일명 월가 점령시위로 불리는 이 시위는, 자기 이익의 극대화에만 몰두하는 소수 특권층 1%의 탐욕 때문에 생존을 위협받는 99%의 권리를 회복하자는 운동이었죠. '우리는 99%다'라는 구호를 내세운 시위는 나비효과를 일으키며 전 세계 1500여 개 도시로 확산되었습니다.

뉴질랜드의 수도 웰링턴도 이 점령시위가 확산된 곳 가운데 하나였습니다. 2011년 10월 15일, 뉴욕에서 벌어진 시위에 영감을 받은 수백 명의 웰링턴 시민들이 한자리에 모였습니다. 남녀노소 다양한 직업과 배경을 가진 이들이 모인 자리에는 리더도 없었고, 무엇을 해야 할지 아무도 몰랐습니다. 이 현장에는 이제 갓 서른 살이 된 벤 나이트Ben Knight와 리처드 바틀릿Richard Bartlett도 있었습니다.

뉴질랜드에서 나고 자란 벤 나이트는, 어린 시절부터 개인과 사회의 관계에 관심이 많았습니다. 그는 대학 졸업 후 국가장학금까지 받아 스코틀랜드의 세인트앤드루스 대학에서 진화심리학 박사과정을 밟기 시작합니다. 연구가 3년차에 접어들 무렵, 침팬지들을 대상으로 실험을 하던 벤은 자신이 하는 공부가 실제 현실과 너무 동떨어져 있는 건 아닌지 고민하기 시작했습니다. 벤은 당시의 상황을 이렇게 설명했습니다.

"제가 하던 연구는 분명 이론적으로 흥미로운 문제들을 다루고 있었어요. 하지만 그 모든 것들이 현실의 변화 속도와는 너무나 동떨어지고 더디게 느껴졌어요. 저는 '동시대를 살아가고 있는 사람들 속으로 돌아가야겠다'는 결론을 내리고 다시 뉴질랜드로 돌아왔습니다."[2]

고향으로 돌아온 벤은 지역대학 소속의 연구원으로 마오리족 생태계를 연구하면서, 밴드 드러머 활동을 병행합니다. 그러던 어느 날 벤은 음악 관련 일을 하는 사람들이 참여하는 모임에서 이후 루미오를 함께 만들게 될 리처드 바틀릿을 만나게 됩니다. 그는 공과대학을 졸업했지만 뉴질랜드에서 일자리를 구하기 힘들어 새로운 길을 모색하고 있었습니다. 리처드는 벤을 만나기까지 있었던 과정에 대해 이렇게 말했습니다.

"뉴질랜드에는 현대나 삼성 같은 대기업이 없어요. 졸업은 했지만 취업 가능성이 전혀 없었죠. 저는 기계공학을 전공했지만 약간의 예술가 기질도 갖고 있어요. 그래서 어느 날 음악하는 사람들이 쓸 수 있는, 괴상한 소리를 내는 기계를 만들자고 생각했고 그대로 실행에 옮겼어요. 음악 작업을 하는 사람들이 모이는 자리에 이 기계를 소개하러 갔다가 벤을 만났죠."[3]

장학생으로 선발되어 외국에서 공부할 기회를 얻었지만 학계의 더딘 변화 속도에 회의를 느껴 고국으로 되돌아온 벤, 일자리도 잡지 못한 채 돈 안되는 음악 기계 만들기에 빠져 있던 리처드는, 뻔한 길을 거부한다는 점에서 분명 '괴짜들'이었습니다. 둘은 곧

스코틀랜드에서 박사과정을 밟던 벤 나이트는 고국 뉴질랜드로 돌아와 친구 리처드와 함께 루미오를 개발하게 된다. ⓒBenjamin Knight

의기투합했고 함께 밴드 활동을 시작합니다. 그리고 특별한 목적 없이 사람들이 모여서 즐길 수 있는 파티나 모임을 열었는데, 여기에 점점 더 많은 사람들이 모여들면서 '고민하는 시민들Concerned Citizen'이라는 그럴듯한 이름을 가진 모임으로 성장하게 됩니다. '창조적 사회운동creative activism'을 지향하는 이 모임은 팔레스타인 문제를 알리거나, 테러 혐의로 기소되어 고초를 겪는 국제적 인사들을 후원하는 캠페인을 벌이기도 했습니다.

점령시위, 루미오를 탄생시키다

네트워크와 미디어를 통해서 '고민하는 시민들' 모임을 지속 가능한 조직과 형태로 전환시키는 방법을 배워가던 무렵, 두 사람은 점령시위에 대해 듣게 됩니다. 이 운동이 자신들이 해오던 작업들과 무관하지 않다고 생각한 두 사람은 자신들이 살던 웰링턴에서도 시위가 열린다는 소식을 듣고 현장을 찾아가게 됩니다.

시위 현장에는 많은 사람들이 모여 있었습니다. 하지만 벤과 리처드는 물론, 다른 사람들도 '연대'하기 위해 모였지만 그것이 무엇을 의미하는지, 뭘 해야 할지 알지 못했습니다. 그렇게 어수선한 채로 시간이 흐르다가, 한 여성이 일어나 발언을 했습니다.

"저는 리더가 되고 싶은 마음이 없습니다. 다만 저는 제가 오늘 왜 이 자리에 왔는지 이야기하고 싶습니다. 그리고 제 이야기가 끝나면, 여러분들도 이야기를 들려줬으면 좋겠습니다."

그 말을 시작으로 사람들은 돌아가며 '이곳에 온 이유'에 대해 이야기하기 시작했습니다. 사람들이 털어놓는 사연들은 대부분 자신들이 살면서 겪은 고통스러운 일들이었습니다. 리처드는 이 이야기를 들으면서 큰 충격을 받았다고 말했습니다.

"어떤 여성이 집단폭력으로 목숨을 잃은 동생에 관해 이야기를 했어요. 저는 어떻게 그런 일이 일어날 수 있는지, 그리고 무엇보다 그런 일이 세상 어디에선가 일어나고 있었다는 사실을 어떻게 전혀 모르고 살아왔는지 깜짝 놀랐어요. 정말로 소중한 경험이었

뉴질랜드에서 열린 웰링턴 점령시위 현장의 모습. ©Asni

어요. 그전에는 세상 돌아가는 것에 큰 관심이 없었거든요."[4]

자리에 모인 사람들은 계속해서 자신들의 이야기를 들려주었습니다. 이야기 뒤에는 '이제는 뭔가 바꿔야 한다고 생각한다'는 말을 덧붙였습니다. 누군가가 이야기를 끝내면 나머지 사람들은 그에 관한 다양한 실천 사항을 제안했고, 모두가 타인의 이야기를 경청하고 하나하나의 안건에 대해서 열정적으로 논의했습니다. 진정한 의미의 민주적 집단토론이었지요.

하지만 시간이 흐르면서 문제가 드러나기 시작했습니다. 토론이 길어지기 시작하면서 사람들이 토론 중간에 이리저리 이동하기 시작했고, 목소리 크고 말 잘하는 몇 사람이 발언권을 독점하거나 다른 사람들의 의견을 압도하는 일이 벌어졌습니다. 중요한 사안임에도 소수가 대화를 독점해 충분한 집단토론 없이 결론이 나기도 했죠. 자발적 시민집회의 한계이자, 체계 없이 이루어지는 집단적 의사결정의 문제가 드러난 것입니다.

벤은 진화심리학을 공부하면서 특히 영장류의 집단지성 문제에 관심을 두었습니다. 벤에게 사람들이 광장에 모여 자발적으로 공동체를 조직하고 환경 문제나 정치적인 사안을 해결하기 위해 아이디어를 모으는 과정은 매우 인상적으로 다가왔습니다. 리처드 또한 집단적 논의 과정에서 발생하는 여러 문제들을 지켜보면서, 자연스럽게 해결 방법을 고민하게 되었습니다. 그 자리에 함께 있던 다른 젊은이들도 비슷한 고민을 갖고 있었습니다. 예컨대 "논의를 할 때 몇몇 사람에게 발언권이 쏠리는 것을 어떻게 막을 수 있을까?" "수십수백 명이 한꺼번에 토론할 때 발생하는 비효율성과 정보격차를 어떻게 해소할 수 있을까?" "상명하달식 의사결정 문화의 문제점을 개선할 수 있는 회의 도구는 없을까?" 같은 것들이었습니다.

십시일반으로 '등불'을 밝히다   ∨

그들은 자연스레 '온라인 공간의 활용'이 해결책이 될 수 있다고 의견을 모았습니다. 그리고 아이디어를 더 발전시켜 '사람들이 동시에, 동등하게 논의에 참여하여 안건을 결정하는 소프트웨어'를 만들기로 결정합니다. 이 자리에 있던 사람들은 벤과 리처드를 포함해 모두 9명이었는데, 이들이 바로 루미오의 창립 멤버입니다.

벤과 루미오 동료들은 엔스파이럴Enspiral이라는 오픈소스운동 단체가 컴퓨터 프로그램 개발에 관한 자문과 작업 공간을 지원해준다는 소문을 듣고 무작정 그곳을 찾아갑니다. 엔스파이럴 사람들은 이들에게 흔쾌히 일할 공간과 기술 자문을 제공하기로 결정합니다. 멤버들은 '직면한 문제를 스스로 해결할 수 있는 도구를 만드는 것'을 목표로 '사람들이 함께 모일 수 있고, 이슈에 대해 이야기할 수 있으며 간단한 결정을 내릴 수 있는 온라인 공간을 디자인한다'라는 좀더 세부적인 목표를 세웁니다.

소프트웨어 개발에 필요한 비용은 크라우드펀딩을 통해 모금하기로 결정했습니다. 사람들의 관심은 의외로 뜨거웠습니다. 모금 플랫폼을 통해 계획을 발표하자 약 5690달러(약 650만원)가 모였고,[5] 이를 종잣돈으로 20여 명의 개발자들과 함께 프로젝트를 추진했습니다. 그 결과로 탄생한 것이 바로 '루미오'라는 '협력적 의사결정collaborative decision-making' 서비스입니다.

루미오는 베틀과 빛이라는 두 가지 뜻을 가진 영어 '룸Loom'에, 무료 도메인을 나타내는 '.io'가 붙어서 탄생한 이름입니다. 시민들의 개별적 의견을 씨줄과 날줄로 삼아 미래를 밝히는 등불로 쓰자는 의미지요. 2012년 시험용 버전을 선보인 후, 루미오 팀은 2014년 3월 두번째 크라우드펀딩을 진행했습니다. 두번째 크라우드펀딩 역시 매우 성공적이었고, 놀랍게도 1657명으로부터 12만 6782달러(약 1억 5000만원)가 모였습니다.[6] 이러한 성원을 바탕으로 루미오 팀원들은 정식 버전인 루미오 1.0을 출시하고 이후에도 지속적으로 후원을 받아 팀을 운영하고 있습니다.

루미오의 가장 큰 매력은 쉽고 단순하다는 것입니다. 루미오에 접속했을 때 보이는 것은 하나의 원그래프와 4개의 버튼이 전부입니다. 찬성, 보류, 반대, 차단 이렇게 4개의 버튼은 제시된 사안에 대한 자신의 입장을 표시하는 데 쓰입니다. 찬성, 반대, 혹은 보류 버튼을 눌러 입장을 표하거나 차단 버튼을 눌러 이 사안에 대해 더이상 이야기하지 않겠다는 의사를 표현할 수 있습니다. 원그래프는 이 투표 결과를 취합하여 사람들이 각 사안에 얼마나 찬성하고 혹은 반대하는지를 한눈에 보여주는 역할을 합니다. 이처럼 아주 간단하고 이해하기 쉽게 시각화했다는 점이 루미오의 첫번째 특징입니다.

여기까지만 보면 단순한 설문조사 소프트웨어와 별다른 차이가

루미오는 토론과 의사결정에 드는 시공간적 제약을 온라인 기술로 극복하는 것을 목표로 한다. ©Loomio

없어 보입니다. 하지만 루미오의 특별한 점은, 투표를 할 때 왜 그
렇게 생각하는지 작성하도록 코멘트 난을 만들고, 재투표할 수 있
는 기능을 추가한 것입니다. 다시 말해, 사고의 과정을 보여주는
것, 이것이 루미오의 두번째 특징입니다. 이를 통해 사람들은 투
표를 하며 의견을 내고, 다른 이들의 의견을 읽으며 원래의 생각
이 달라질 경우 투표를 다시 하는 조율 과정을 거칩니다. 토론의
질과 양에 따라 정해진 기한까지 투표 결과는 계속 변화할 수 있
습니다. 상호 토론을 통해서 가장 현명한 답을 찾는 숙의민주주의
deliberative democracy에 한 걸음 더 다가가기 위한 설계이지요.

고등학생부터 시의원까지, 모두의 미디어 ⌄

루미오의 성과에 대해서 많은 논객들이 입을 모아 찬사를 보냅
니다. 미국의 저명한 미디어이론가인 더글러스 러시코프Douglas
Ruchkoff는 "루미오는 양극단으로 치닫는 논쟁 대신, 온라인을 통해
원만한 합의에 도달하도록 유도한다"[7]고 평가했고, 초당적 성격
의 정치 웹사이트 테크프레지던트TechPresident의 설립자 겸 편집위
원 미카 시프리는 "루미오는 개인의 의견이 집단적 결정으로 이어
질 수 있도록 적절한 징검다리 역할을 한다"[8]고 평했습니다. 루미
오는 위에서 아래로 전달되는 위계적이고 딱딱한 방식도, 아래에
서 위로 질서 없이 전달되는 방식도 아닌 서로서로 연결된 수평적

인 소통 방식을 지향합니다. 이러한 소통 방식은 누구도 배제하지 않을뿐더러 더 빠르고 효과적으로, 모두가 만족하는 합의안을 만들어낼 수 있습니다.

　루미오가 쓰이는 영역은 매우 다양합니다. 먼저 루미오가 만들어진 뉴질랜드의 수도 웰링턴 시의 사례를 볼까요? 웰링턴 시는 뉴타운 개발로 감당할 수 없는 빚을 지게 된 사람들을 돕고자 뉴타운 대출신탁을 만들었는데, 이 대출심사에 관한 세부적인 논의를 루미오로 진행했습니다. 루미오를 통한 투명한 의사결정 과정 덕분에 대출 지원사업이 지역사회에서 신뢰를 얻고 안정적으로 진행될 수 있었고, 이후 웰링턴 시의회 의원들도 의안 토론과 표결에 루미오를 사용하기 시작했지요.[9]

　2011년 월가 점령시위 이후 큰 규모의 시민운동이 일어난 브라질에서도 루미오가 쓰였습니다. 버스 운임을 높이겠다는 시정부의 발표에 반대하면서 시작된 시위가 점차 브라질의 민주주의를 위한 풀뿌리 시민운동으로 발전해갔습니다. 이때도 시민들은 중요한 결정 사안이 있을 때마다 루미오를 사용해 의견을 모았습니다.[10]

　2012년 헝가리에서 정부의 대학 학비지원 삭감에 항의하기 위해 조직된 학생운동에도 루미오가 사용되었습니다. 사실 이 당시 루미오는 시험용 버전을 닫아두고 정식 버전을 준비중이었는데요, 헝가리 학생들의 요청으로 시험용 버전을 다시 열었습니다. 학생들은 루미오 그룹을 만들고 전국의 대학생, 연구자, 교수, 고등학생들을 초대해서 운동의 목표, 원리, 전략 등을 민주적으로 논의하고 결정했지요.[11] 이는 뉴질랜드가 아닌 다른 지역에서 루미오가 가장 큰 규모로 활용된 사례였습니다. 이외에도 앞서 소개해드린 스페인 신흥정당 포데모스가 루미오를 활용해 2만 7000여 명의 시민이 토론과 의사결정에 참여할 수 있도록 했고, 하버드대학과 위키피디아 재단에서도 의안 토론과 의사결정에 루미오를 사용했습니다.

또하나 흥미로운 점은, 이렇게 다양한 지역에서 사용할 수 있도록 루미오를 번역하는 작업이 전부 자원봉사로 이루어졌다는 사실입니다. 루미오를 더 널리 활용할 수 있기를 바라는 사람들이 온라인상에서 공동으로 번역 작업에 참여한 것입니다. 루미오는 2016년 7월 기준 50개 언어로 서비스를 제공하고 있으며, 여러 언어의 번역 작업이 추가로 진행중입니다. 한국어 역시 루미오가 공식 지원하는 34개 언어 가운데 하나로, 루미오의 모든 서비스는 한국어로 이용할 수 있습니다.

모두의 기술, 일상의 민주주의

2013년 여름, 뉴질랜드 테아로TeAro에서 열린 테드엑스Tedx에서 루미오의 개발자 벤 나이트는 '인터넷기술이 어떻게 일상의 민주주의를 가능케 하는가?'라는 제목의 강연을 통해 이렇게 말합니다.

"인터넷은 공공선을 실현시키는 공공재로서의 잠재력을 가지고 있습니다. 그 잠재력을 현실로 구현하는 유일한 방법은 인터넷을 통한 의사결정에 우리 모두가 적극적 의지를 가지고 참여하는 길뿐입니다."

앞서 소개해드린 루미오의 사례들만 돌아보더라도, 기술의 발전에는 기술 그 자체만큼이나 사용하는 사람들의 목적과 의지가 매우 중요한 역할을 한다는 것을 알 수 있습니다.

최근 루미오 팀의 고민은 "어떻게 하면 각자가 처한 상황에 구애받지 않고 사용 가능하면서도 진입장벽 없는 도구를 개발할 수 있을까?"입니다. 벤 나이트 또한 '현실의 문제를 해결하고자 하는 사람들에게 힘이 되는 기술'을 만들고 싶다는 포부를 밝혔지요.

이를 위해 루미오에서는 세 단계를 준비중입니다. 첫째는 모바일 버전을 개발하는 것입니다. 루미오는 현재 웹브라우저에서만 작동되는데, 더 많은 사람들이 상시적으로 접속할 수 있도록 모바일용 앱을 만들고 있습니다. 버스에 앉아 있을 때든 다른 나라에 있을 때든 언제나 의사결정 과정에 참여할 수 있도록 하기 위해서입니다. 두번째는 시각장애인을 위한 버전을 개발하는 것입니다. 진정한 민주주의는 누구도 배제하지 않아야 한다는 신념하에 민주적 의사결정 과정에서 소외되던 장애인들의 참여를 보장하는 일이죠. 마지막으로 세번째는 인터넷 인프라가 미비한 나라에서도 루미오를 사용할 수 있도록 하는 것입니다. 루미오는 더 나은 민주주의를 향해 나아가는 과정에서 배제된 사람은 없는지 끊임

없이 살피면서 쉽고 접근성이 높은 민주적 의사결정 플랫폼으로
계속 성장해나가고 있습니다.

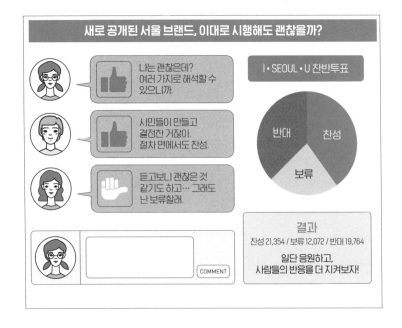

민주주의에 관해, 민주적으로 일하라

뉴질랜드의 젊은 청년들이 '우연히' 개발한 루미오는 기능만
보면 특별할 게 없습니다. 주제를 정하고, 주제에 대한 의견
을 올리고, 정해진 기한 내 의견 표시를 한다, 이것이 전부입
니다. 단순할 뿐만 아니라 이전에도 존재했던 서비스입니다.

그렇다면 루미오가 전 세계 수천 개가 넘는 그룹의 의사결정 도구로 쓰이게 된 것은 그저 우연이었을까요? 그렇게 볼 수는 없을 듯합니다.

루미오가 사용자들의 사랑을 받는 의사결정 도구로 성장할 수 있었던 원인은 크게 두 가지입니다. 첫번째는 루미오가 바로 사용자 자신들의 필요를 해결하기 위해 만들어졌다는 점입니다. 자신들이 쓸 도구를 스스로 만들었기 때문에 당장 필요한 기능을 중심으로 제작하고, 바로 사용해보고, 문제점을 발견하면 즉시 반영해서 개선할 수 있었습니다. 이용자들의 필요가 곧 자기 자신의 필요였던 만큼 문제를 해결하기 위한 루미오 팀원들의 동기가 매우 강력했고, 이는 효과적인 개발로 이어질 수 있었습니다.

두번째는, 루미오가 오픈소스 방식으로 제작되었다는 점입니다. 오픈소스란 누구나 프로그램의 설계도를 볼 수 있게 그것을 공개해두었다는 뜻입니다. 누구나 루미오를 원하는 만큼 이용할 수 있고, 또 언제든지 자신의 필요에 맞게 그것을 수정해서 사용해도 됩니다. 루미오 팀내에 프로그래머가 단 3명뿐임에도 수많은 이용자들의 개선 요구를 처리하는 데 큰 어려움이 없는 이유는, 루미오를 사랑하는 전 세계의 프로그래머들이 자기 시간을 쪼개 문제를 개선하는 작업을 하고 있기 때문입니다. 짬을 낸다면 누구든지 참여할 수 있는 공개된 구조 때문에, 사소한 결함들이 잘 드러나고 쉽게 보완되는 것이지요.

필요로 하는 사람이라면 누구나 루미오를 사용하고 형편껏 후원금을 내는 형태로 수익 창출이 이루어지는 구조는, 루미오를 '상품'이 아니라 '열린 도구'로 보는 오픈소스 철학과 일맥상통합니다. 벤 나이트의 다음과 같은 말 속에는 그러한 철학이 진하게 묻어 있습니다.

"인간은 유일하게 지식을 축적하는 동물입니다. 컵 하나를 만들 때도 조상들이 해온 시행착오를 뇌 속에 저장하고 있죠. 집단지성이 발휘되는 유일한 종입니다. 집난 내에서 사람과 사람 간 권력의 불균등은 불가피하지만 그 문제를 잘 다룰 수만 있다면, 상호이해와 협상을 통해 전망을 공유하고 모든 사람을 평등하게 대할 수 있게 됩니다."[12]

요컨대 루미오라는 도구 자체의 지향점인 '더 나은 의사결정 방법을 제공한다'는 목적과, 루미오의 기능을 개선하고 지속 가능한 형태로 만들어가는 방법 모두 기나긴 역사 속에서 인류가 성장해온 과정을 본뜬 것임을 알 수 있습니다. 더 나은 사회를 만드는 일의 의미도, 그러한 일을 해나가는 방식도 인류가 여태껏 그것을 해냈던 사례에서 찾아낼 수 있다는 것이지요.

같은 맥락에서 보면, 루미오 못지않게 루미오 팀이 일하는 방식도 매우 흥미롭습니다. 리처드는 루미오 팀의 운영 원칙과 업무 철학에 대해 다음과 같이 말합니다.

"루미오 내부에서는 얼마나 민주적으로 일하느냐Democracy at

Work를 중요하게 생각하고 있습니다. 민주주의에 관한 일을 해나가는 것Working on Democracy만큼이나 이 원칙을 중요하게 생각하고 있어요."13

루미오 팀에는 창립자는 있지만 일반 회사에서 흔히 볼 수 있는 '사장'이나 '대표' 같은 직위가 없습니다. 대신 스튜어드십stewardship이라는 독특한 관계가 존재합니다. '스튜어드'는 집사 또는 청지기를 뜻하는데요, 팀원들은 서로가 서로의 스튜어드가 되어 팀내의 권한, 정보, 역할을 나눠 갖고, 모든 의사결정은 루미오를 통해 이루어집니다. 일상과 업무환경을 민주적으로 재구성하는 노력을 통해, 루미오가 민주주의를 더 잘 반영할 수 있는 도구가 되도록 끊임없이 연구하게 된다고 그들은 말합니다.

리처드와 벤은 한국 역시 새로운 변화와 실험이 가능할 것이라 봅니다. 리처드는 한국에서도 새로운 열정과 에너지를 가진 사람들이 서로 연결돼 있고, 그들이 뉴질랜드의 엔스파이럴이나 스페인의 라보데모처럼 사회 전체에 크나큰 영향을 미칠 수 있을 것이라 말했습니다.

"사람들이 함께 비를 피할 수 있는 우산처럼, 그 아래에 있는 동안 '나는 이곳에 있는 게 좋아, 여기가 내가 있을 곳이야' 하고 말할 수 있도록 집단적 정체성을 만드는 게 좋겠죠. 그렇게 모인 사람들이 서로 관계를 맺으며 강한 유대가 생겨나는 거고요."14

벤 또한 변화를 바라는 사람들 사이의 공감대와 긴 안목의 비전이 중요하다고 강조합니다. 사람들이 바라는 미래를 현실로 만들기 위해 우리에게 어떤 도구가 필요할지, 어떤 방식으로 모이고 실천해나갈지에 대한 방법을 생각해보길 바란다면서 다음과 같이 덧붙였습니다.

"정말 막막해 보이는 상황에서도 변화는 일어납니다. 예를 들어볼까요? 점령시위가 시작됐을 때 그게 전 세계로 확산돼서 뉴질랜드까지 올 거라곤 생각도 못 했죠. 스페인의 긴축반대운동도 불과 일주일 전에는 누구도 예상 못 했어요. 그렇기 때문에 우리가 해야 할 일, 할 수 있는 일은 희망을 잃지 않고 자신이 바라는 바를 실천해나가는 겁니다."[15]

2장 엄지로 톡톡! 열려라 정치
—시민참여 애플리케이션 🔍

직업정치인들이 일방적 홍보를 위해 온라인을 이용하는 지금과 같은 방식으로는 유의미한 효과를 기대하기 어렵습니다. 시민이 직접 의견을 내서 토론하고, 국가기관의 자료를 끌어와 분석하고, 더 나은 대안을 제시하고 입법화하는 도구로서 온라인을 활용한다면 인터넷과 SNS는 더 좋은 세상을 만드는 데 쓰일 수 있습니다. 하지만 그런 도구를 정부나 정치인이 만들어줄 것이라 기대해서는 안 됩니다. 목마른 사람이 우물을 파는 법, 지금 목마른 사람은 우리 시민들이니까요.

진짜 쿨한 게 뭔지 알아?

페이스북 창업 스토리를 그린 영화 〈소셜네트워크〉에서 저스틴 팀버레이크는 이렇게 말합니다. "백만장자가 되는 건 쿨하지 않아. 뭐가 쿨한 건지 알아? 억만장자가 되는 거야!" 저스틴 팀버레이크가 연기한 실제 인물 션 파커^{Sean Parker}는 파이낸셜타임스와 가진 인터뷰에서 이 대사가 완전한 허구라며 발끈합니다. "억만장자가 되는 게 쿨하다고요? 천만에요. 제도권 안에서 부자가 되는 건 쿨한 것과는 정반대예요." 억만장자가 되면 전에 없던 강탈과 납치 위협, 각종 유혹에 늘 시달려야 하니 하루도 마음 편할 날이 없다는 겁니다. 재력이나 커리어를 쌓는 것보다 훨씬 재미있고 쿨한 것은 따로 있다고 션 파커는 말합니다. "진짜 쿨한 건, 기성의 낡은 문화에 대항하는 혁명가가 되는 겁니다."[1]

그는 스스로를 '해커'로 규정합니다. 사람들은 해커를 '트러블메이커'로 생각하지만 그의 생각은 다릅니다. 해커는 "오래 존속해온 시스템의 약점을 재빨리 파악하고, 그것을 무너뜨릴 새로운 해법을 찾아내는 혁신적 이상주의자"라는 게 그의 주장이죠. 1979년생 션 파커는 2016년 7월 기준으로 24억 달러[2]의 엄청난 자산을 보유한 실리콘밸리의 슈퍼리치입니다. 일곱 살에 해양학자인 아버지에게 컴퓨터 프로그래밍을 배운 이후, 컴퓨터에 푹 빠져 지내다가 열다섯 살엔 해킹 혐의로 FBI 조사를 받기도 했죠. 열아홉 살에 친구 숀 패닝^{Shawn Fanning}과 P2P 음악공유 사이트 냅스터^{Napster}를

독서광이며 컴퓨터 천재로 불리는 션 파커(왼쪽)는 대학에 진학하는 대신 벤처기업가가 되었다. 그는 스스로를 "혁신적 이상주의자"라고 말한다. ©Kmeron

만들었고, 2004년에는 마크 저커버그 등과 페이스북을 공동 창업해서 초대 CEO를 맡았습니다. 당시 그의 나이는 겨우 스물네 살이었습니다.

  30대에 거부가 된 션 파커의 요즘 관심사는 정치입니다. 가장 혁신이 더딘 정치야말로 "웹을 통해 혁신의 효과를 가장 크게 낼 수 있는 제일 확실한 분야"라고 그는 주장합니다. 실제로 그는 일찍부터 사업을 통해 자신의 관심을 드러냈습니다. 2007년 온라인 기반의 캠페인 플랫폼 '코지즈causes'를 오픈하고, 2013년에는 미국 유권자 네트워크 '보티즌Votizen'을 코지즈와 인수합병합니다. 그리고 2014년 몇몇 벤처 투자자들과 함께 930만 달러(104억원)를 투자해 정치 플랫폼 개발을 위한 '브리게이드미디어Brigade Media'를 설립합니다.[3] 페이스북 법인의 창립 멤버인 그가 또 한번 미국을 떠들썩하게 한 '통 큰 투자'를 한 것이죠.

션 파커가 브리게이드미디어 설립을 통해 목표한 것은 정치활동에 최적화된 소셜미디어를 만드는 것이었습니다. 사람들이 사회생활과 친교를 위해 페이스북을 쓰고 비즈니스를 위해 링크트인Linkedin을 쓰지만, 정치와 관련해서는 그러한 도구가 없다고 보았죠. 그는 "정치를 즐겁게, 밥먹듯이 할 수 있는 도구가 필요하다. 민주주의에 대한 관심을 재충전시키는 소셜미디어를 만들 것"[4]이라고 말하기도 했습니다.

그런데 션 파커의 말처럼 엄지로 휴대폰을 톡톡 건드리는 소셜미디어만으로 정말 정치가 달라질 수 있을까요? 정치인과 관료들이 독점해온 정치의 배타적 울타리를 무너뜨리고, 더 많은 시민이 스낵을 먹듯 가볍게 토론과 표결을 벌이는 일이 정말 가능한 것일까요?

이번 장에서 소개할 온라인 서비스들은 이 질문에 "그렇다"고 대답합니다. 차례대로 설명하게 될 브리게이드와 폴리스, 데모크라시OS 모두 의사결정 과정이나 정치 활동에 시민들이 더 적극적으로 참여하도록 설계됐습니다.

토론에서 행동까지, '정치 특화 SNS' 브리게이드 ⌄

"밥먹듯 자주, 쉽게 할 수 있는 도구, 민주주의의 관심을 재충전할 소셜미디어를 만들라"[5]는 설립자 션 파커의 뜻에 따라 브리게이드 미디어는 2015년 여름 회사 이름을 본딴 '브리게이드^{Brigade}'를 세상에 내놓았습니다. 정치 및 다양한 사회적 이슈에 대해 자유롭게 이야기 나누며 관계를 맺는 정치 전문 SNS라고 할 수 있습니다.

브리게이드가 어떻게 쓰일 수 있는지, 요즘 유독 눈에 띄는 '길고양이' 문제에 관해 이웃들이 회의를 하는 상황을 예로 들어볼까요? 이 문제를 놓고 주민회의를 하려면 바쁜 사람들을 한데 모으는 것도 문제지만, 많은 사람들이 쏟아놓은 각기 다른 의견들 사이에서 어떻게 비슷한 의견을 모으고 발전시켜나가야 할지 난감합니다.

이때 브리게이드를 사용하면 같은 의견을 가진 사람들끼리 공동의 논의를 할 계기를 만들 수 있습니다. 브리게이드의 최우선 기능은 '의견 표명'으로, 예컨대 누구든 "길고양이에게 밥을 주어선 안 된다" 혹은 반대로 "캣맘을 지원해야 한다"고 의견을 올릴 수 있습니다. 여러분이 동네 주민이라면 다른 주민이 올린 이러한 의견들에 대해 찬성/반대/보류 가운데 하나로 답변할 수 있고, 왜 그렇게 생각하는지 이유도 달 수 있습니다. 다른 사람들이 올려놓은 여러 의견에 찬반 표시를 해가며 자신의 입장이 누적되면, 그 결과를 다시 다른 사람들과 비교하면서 서로 간의 의견 일치/불일치 정도를 확인해볼 수 있습니다.

여기서 브리게이드의 특별한 점은 의견이 비슷한 사람끼리 그후의 실천을 모색할 수 있게 연결해준다는 점입니다. 예를 들어

길고양이 문제에 대해 사람들이 올려놓은 열 가지 질문에 대해 나와 옆집 친구의 응답 중 6개가 일치하고 4개는 다르다면, 나와 친구의 의견 일치도는 60점이 됩니다. 브리게이드는 이런 의견 일치율을 기반으로 비슷한 의견을 가진 다른 주민들을 추천해줍니다. 이들과 서로 '지지관계'를 맺고 논의를 추가로 주고받을 수 있습니다. 요컨대 브리게이드에서는 정치적 의견에 따라 새로운 온라인 그룹을 만들 수 있습니다. 함께 실천을 모색할 사람들을 모아주는 거죠.

어떤 이슈에 관한 의견을 개진할 때 브리게이드가 갖는 또다른 특징은, 일반적인 게시판 댓글 형태와는 달리 찬성 의견과 반대 의견을 표시하는 공간을 분리해둔 것입니다. 이로써 서로 다른 의견들이 소모적 감정 다툼 속에서 뒤엉키는 상황을 막고, 각각의 입장을 좀더 정교하게 다듬을 수 있도록 유도하고 있습니다. 사안에 대한 의견을 아직 정하지 못한 사람들은 찬성이나 반대 대신 '보류'를 선택할 수 있는데, 이 경우 다른 사람들이 써놓은 찬반 이유 가운데 가장 많은 지지를 받은 댓글을 순서대로 확인할 수 있습니다. 그렇게 정리된 의견들을 보고 더 합리적인 판단을 할 수 있죠.

설득력 있는 의견을 제시하는 사람은 브리게이드에서 인정받을 수 있습니다. 자신이 낸 의견이 많은 사람들에게 지지를 받으면 '영향력 점수impact score'를 얻기 때문입니다. 이 영향력 점수는 그 사람의 신뢰도를 표시하는 수단이 됩니다.

동네에 길고양이들이 많은데, 먹이가 없는지 쓰레기 더미를 뒤지더라. 너무 불쌍해.

대책이 없을까? 나랑 같은 생각을 하는 사람들을 어떻게 하면 찾을 수 있을까?

브리게이드를 사용해봐. 너랑 비슷한 성향의 사람들을 추천해줄 거야.

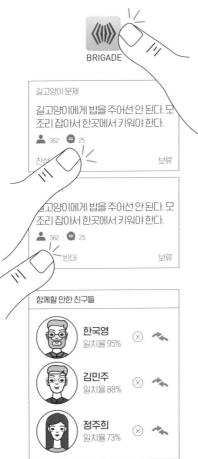

BRIGADE

길고양이 문제

길고양이에게 밥을 주어선 안 된다. 모조리 잡아서 한곳에서 키워야 한다.

👤 362   💬 25

찬성   보류

길고양이에게 밥을 주어선 안 된다. 모조리 잡아서 한곳에서 키워야 한다.

👤 362   💬 25

반대   보류

함께할 만한 친구들

한국영
일치율 95%   ✕

김민주
일치율 88%   ✕

정주희
일치율 73%   ✕

올라오는 이슈들에 찬성/반대를 선택하니까 비슷한 성향의 사람들을 추천해주네? 한번 연락해봐야지!

브리게이드는 의견 일치율을 바탕으로 사용자를 연결해주기 때문에 선거나 캠페인에 활용하기에 매우 적합합니다. 지난 2015년 샌프란시스코와 뉴햄프셔 맨체스터 시의 지방선거를 앞두고, 브리게이드는 유권자들을 위한 '쌍방향 투표 가이드' 기능을 시범 제공했습니다. 해당 지역 선거 이슈와 관련된 항목 20개에 찬반 표시를 하면, 자신의 견해를 가장 잘 대변하는 후보를 즉각적으로 찾을 수 있고 투표소 정보와 시간도 바로 볼 수 있었죠. 또한 선거에서 쟁점이 되는 지역 현안에 대해 같은 의견을 가진 이들과 온라인 서명운동을 벌이거나 다른 오프라인 활동을 계획하는 것도 가능했습니다.

브리게이드 '투표 가이드'의 이용자 67%가 1980년대 초부터 2000년대 초반에 출생한 일명 밀레니얼 세대Millenials라 불리는 청년층이었는데요, 제대로 된 정치적 목소리를 내지 못했던 청년층의 요구를 표출하고, 한 자릿수로 떨어졌던 18~34세 유권자의 투표율을 높이는 데 브리게이드가 특히 큰 역할을 한 것으로 평가받고 있습니다.

투표 참여를 독려하기 위해 브리게이드는 온라인뿐 아니라 오프라인 차원의 네트워크도 지원했습니다. 브리게이드미디어는 샌프란시스코 지역 신문사, 카페 들과 제휴하여 '커피 토크coffee talk'라는 네트워킹 행사를 열고, 브리게이드를 이용하는 샌프란시스코 시민들을 초대했습니다. 시민들은 평소처럼 커피를 마시면서 지역 후보자에 대한 정보와 의견을 나누었습니다. 그러면서 같은 지역에 사는, 생각이 비슷한 유권자들을 만나고 지역에 대한 소속감과 책임감을 키웠지요. 이처럼 브리게이드는 네트워킹을 통해 지역 기반의 관계망을 촘촘히 만들고, 지역 이슈에 대한 사람들의 관심을 환기시키며, 새로운 시민참여문화를 만드는 것을 목표로 삼고 있습니다.

뜨거운 관심을 모으고 있는 2016년 미국 대선후보 경선에 대해서도 브리게이드는 새로운 소통의 장을 활발히 열고 있습니다. 주요 후보에 관한 이슈는 물론, 실시간으로 진행되는 후보 토론회, 후보들이 쏟아내는 연설에 대해 의견 표명을 할 수 있는 온라인 공간을 그때그때 제공하고 있습니다. 그 자체로 강력한 뉴스매체의 기능을 하는 것이지요. 브리게이드를 통한 이런 소통 및 피드백 구조는 후보-이익단체-유권자 간의 유기적 소통을 강화하고, 정치 현안에 대한 시민들의 관심을 높이는 데 기여합니다.

브리게이드가 구체적 질문을 중심으로 사람들의 의견을 모으고 조직해가는 구조를 갖게 된 이유는 무엇이었을까요? 브리게이드의 CEO 맷 머핸Matt Mahan의 말에서 해답을 찾을 수 있을지도 모릅니다. 그는 정치에 대해 사람들이 갖고 있는 이중적 태도를 설명하며 이렇게 말합니다.

"많은 사람들은 정치를 사랑하지 않는다고 말합니다. 그들은 정치에 냉소를 보내고 환멸을 느낀다고도 이야기하죠. 그러나 우리가 지켜본 바로, 그들은 각자의 관심과 주장이 담긴 자신들의 이슈를 갖고 있었습니다. 세상이 어느 방향으로 나아가야 할지에 대해 분명한 관점을 갖고 있었어요."[6]

요컨대 각자가 관심을 갖는 구체적인 '이슈'들에 답하게 함으로써 사람들을 정치적 논의의 장으로 끌어들일 수 있다고 본 것입니다. 브리게이드는 이와 관련하여 주목할 만한 설문조사 결과를 발표했습니다. 브리게이드 사용자 1000명을 대상으로 한 조사에서 80%가 2016년 의회 중간선거에서 투표할 예정이라고 답했고, 74%가 주 경선에 참여하겠다고 밝혔습니다.[7] 이 선거에서 어떤 영향력을 만들어내느냐에 따라 브리게이드의 성공과 실패가 판가름날지도 모릅니다. 특히 SNS를 많이 사용하는 밀레니얼 세대의 정치참여를 이끌어낼 수 있을지가 관건입니다.

소통 없이 대표 없다, 데모크라시OS

아르헨티나의 젊은 개발자 산티아고 시리Santiago Siri는 열여덟 살 때부터 비디오게임 개발자로 두각을 드러냈습니다. 그가 시민참여를 위한 기술의 사회적 활용에 관심을 가지게 된 계기는, 미국 샌프란시스코에서 열리는 국제 게임개발자 콘퍼런스GDC, Game Developers Conference에 참석하면서부터입니다. 이 콘퍼런스에는 항상 미군 관계자들이 대거 참석했습니다. 미군은 게임 개발에 막대한 재정 지원을 함으로써, 미국 젊은이들이 전투에 흥미를 느끼게 하고 신병 모집에 지원하게 만드는 데 중요한 도구로 이용하고 있었습니다. 시리는 '게임기술이 사람들을 전쟁터로 보내고 있구나' 하는 생각에 비디오게임 개발에 대한 좌절감과 회의에 빠졌습니다.[8]

마침 아랍의 봄과 '우산혁명Umbrella Revolution'으로 불리는 홍콩 민주화운동을 보면서, 그는 '우리가 진정으로 추구해야 하는 민주주의란 무엇일까'를 자문하며 기술의 사회적 가치를 높일 수 있는 방법을 고민하기 시작했죠. 그는 빈곤층이 밀집한 아르헨티나의 가난한 동네에서도 15~16세 정도부터 대부분 휴대폰을 사용하고 있다는 사실에 주목합니다. 당시 부에노스아이레스에선 29세 이하 성인·청소년의 93%가 일주일에 한 번 이상 소셜미디어를 사용하고 있었습니다.[9]

이처럼 모바일 기기와 소셜미디어 사용이 일상적으로 이루어지는 현상에 주목한 시리는 2012년 데모크라시OS Democracy OS라는 모바일 애플리케이션을 개발합니다. 부에노스아이레스 시민들로 하여금 자기 지역구 국회의원들이 제출한 법안에 대해 찬반 투표를 하고, 각자의 의견을 개진할 수 있게 만든 플랫폼입니다. 국회의원들이 자의적으로 표결권을 행사할 수 없도록, 민의를 충실히 대변할 수 있게 하자는 뜻으로 만들어진 데모크라시OS는 한마디로 "정치인 너희들 맘대로 하지 마!"라는 취지를 담고 있습니다. 시민들에게 먼저 의견을 구하고, 그 의견에 따라서 찬성이든 반대든 표를 던지라는 것입니다.

데모크라시OS를 만든 시리와 동료들은 기성정당을 찾아가 자신들이 만든 플랫폼을 사용해볼 것을 제안합니다. 하지만 정당 관계자들과 정치인들은 콧방귀를 뀌며 그들을 문전박대했습니다. 자신의 이해관계에만 신경쓰는 정치인들에게 시민과의 대화를 위한 도구 같은 것은 관심사가 아니었던 것이죠.

기성 정치인들을 설득하는 것이 소용없다고 생각한 시리는 데모크라시OS를 함께 개발한 친구들과 활동 방향을 바꾸게 됩니다. '정당이나 정치인이 안 하면 우리라도 직접 해야겠다'고 생각하고 실행에 옮긴 것입니다. 그들은 부에노스아이레스 시의회 선거를 두 달 남짓 앞둔 2013년 8월 넷파티를 창당합니다. 이 정당 소속 후보는 누구든 온라인에 모인 시민들의 의견에 따라 표결권을 행사해야 한다는 원칙도 세웠습니다. 그 어떤 정당보다 혁신적인 운영 원칙을 세우고 온라인 참여공간까지 만들어낸 그들은 부에노스아이레스를 발로 뛰어다니며 선거운동을 벌였지만, 아쉽게도 많은 표를 얻진 못했습니다. 넷파티의 부에노스아이레스 시 선거 최종 득표율은 2만 1943표(1.2%)였습니다.[10]

의회 입성에는 실패했지만, 데모크라시OS는 사람들에게 신선한 충격을 주었습니다. 온라인을 기반으로 한 시민의 정치세력화에 자극을 받은 기성 정치권도 마침내 데모크라시OS를 활용하게 됩니다. 400개의 법안이 데모크라시OS를 통해 시민토론을 거쳐 3개 프로젝트로 좁혀졌습니다. 부에노스아이레스 시의회가 이 안건을 다시 토론하고 최종 표결에 부쳤습니다.[11] 이것은 남미에서의 첫번째 디지털민주주의 사례로 꼽힙니다. 오픈소스로 만들어

진 데모크라시OS는 현재 16개의 언어로 번역되어 전 세계에서 사
용되고 있습니다.

데모크라시OS를 실제 정치에 활용하는 대표적인 정당이, 앞서
살펴보았던 '바르셀로나 엔 코무'입니다. 지방선거를 앞둔 2016년
5월, 바르셀로나의 시민들과 전문가들은 데모크라시OS를 이용하
여 정책공약을 만들고 공직자 윤리규약을 제정했습니다. 지금도
바르셀로나 엔 코무 사이트에서는 데모크라시OS를 통해 지역의

정책 그리고 의회에 상정된 사안에 대한 토론과 시민 표결이 진행
중입니다. 소속 의원들은 윤리규약에 따라 이렇게 모인 시민의 중
론을 따를 의무가 있습니다.

이외에도 데모크라시OS를 활용한 의사결정 사례는 세계 곳곳
에서 살펴볼 수 있습니다. 재스민혁명 이후 제헌의회가 들어선 튀
니지에서는 데모크라시OS를 활용해 시민들이 새로이 만들어질
헌법에 대한 토론과 자체적인 투표를 벌이기도 했고,[12] 우크라이
나에서도 마을과 마을 간 행정구역 통합 문제를 두고 주민투표에
이 플랫폼을 활용했습니다. 데모크라시OS의 활용 범위는 지역 행
정이나 국내 정치에만 한정되지 않습니다. 지난 2015년 11월 파
리에서 열린 UN기후변화협약 회의에서는, 당사국총회에서 논의
되는 내용에 대해 전 세계 누리꾼들이 논쟁하고 표결할 수 있도록
데모크라시OS를 이용한 참여 공간을 만들기도 했습니다.[13]

지금은 데모크라시OS 같은 시스템이 낯설어 보일지 모르지만,
이런 플랫폼이 점차 크고 작은 단위의 의사결정 도구가 되는 날
이 머잖아 올 것입니다. 시민들이 직접 숙의의 과정을 통해 여론
을 형성하고, 선출된 대표에게 권한이 집중되는 대의제의 여러 한
계점을 보완함으로써 민주주의를 한층 성숙한 형태로 발전시키는
것이죠. 이는 결코 허황된 상상이 아닙니다. 페이스북과 트위터가
상용화되고 스마트폰이 대중화된 것도 불과 십여 년 안팎의 일이
니까요. 문제는 주권자인 시민들의 의지와 관심입니다.

2015년 10월, 데모크라시OS의 공동창립자인 피아 만시니는 테

드 강연에서 이렇게 말했습니다.

21세기에 사는 우리는, 15세기의 정보기술을 바탕으로 19세기에 고안된 정치제도와 부딪치며 살아갑니다. (…) 이 제도에 사용되는 언어는 변호사들만 이해할 수 있을 정도로 난해합니다. 그 안에서 우리는 몇 년에 한 번 권력자들을 선택할 수는 있지만, 그들이 결정을 내리는 과정에서 완전히 소외되어 있습니다. (…) 이런 시스템이 다음 두 가지 결과를 낳은 것은 그리 놀라운 일도 아닙니다. 바로 침묵 혹은 소음입니다. 사람들이 정치를 혐오하게 만들어 침묵하게 하거나, 그저 무의미한 소음만 생산하는 결과를 불러올 뿐이죠. 우리 시민들이 원래 무관심하고 무책임하다고 하지만, 아무런 영향도 끼치지 못하는 공청회에, 그것도 휴가를 내지 않으면 갈 수도 없는 평일에 열리는 공청회에 참여하지 않았다는 이유로 누가 우릴 비난할 수 있단 말입니까?[14]

피아 만시니는 21세기에는 새로운 민주주의 슬로건이 필요하다고 말합니다. 바로 현대 민주주의 형성의 기초였던 '대표 없이 과세 없다'가 아니라 '소통 없이 대표 없다'로 갱신되어야 한다는 것입니다. 그리고 오늘날의 정치는 전복이나 파괴를 통해서가 아니라 인터넷이 우리에게 제공하는 기술을 이용해서 바꿀 수 있다고 이야기합니다.

21세기 온라인시대를 사는 우리에게 민주주의란, 폐쇄적인 정치문화를 개방된 시민참여의 공간으로 바꾸는 데서 시작됩니다.

물론 기득권층의 엄청난 반발을 초래하겠지만, 지구 곳곳에서도 한발 한발 새로운 진보가 이루어지고 있습니다. 이제 우리도 나설 때가 된 것 아닐까요?

의견별 지도를 보여주는 폴리스 ∨

하나의 이슈가 있을 때, 결론에 이르는 가장 바람직한 방법은 모두가 대등한 위치에서 각자의 의견을 얘기하고 논쟁이나 조정을 통해서 결론을 이끌어내는 것이겠지요. 그렇지만 이 과정에는 많은 시간과 에너지가 듭니다. 게다가 참석자가 몇천, 몇만 명으로 늘어난다면, 수평적인 관계를 유지하면서 의견을 듣고 모으고 토론하는 일이 가능할까요?

미국 코네티컷 대학에서 정치외교를 전공한 콜린 메길^{Colin Megill}은 2011년 '**아랍의 봄**'을 지켜보면서 이러한 고민을 하기 시작했습니다. IT기술로 한꺼번에 수많은 사람들의 생각을 모으고, 행동을 이끌어낼 수 있을까 생각한 것이죠.

아랍의 봄
2010년 튀니지에서 시작해 중동과 북아프리카 지역으로 퍼져간 반정부·민주화 시위. 페이스북과 트위터 같은 소셜미디어를 통해 시위 소식이 전해지면서 시위가 확산되었고, 전 세계적인 관심을 불러일으켰다.

콜린 메길은 설문조사와 인터뷰 같은 전통적인 방법이 많은 노동력과 시간을 요한다는 점을 잘 알고 있었지요. 그가 착안한 아이디어는 데이터 시각화 프로그램을 활용하는 방법이었습니다. 사람들이 낸 의견을 수치화하고, 서로 다른 값을 2차원 평면에 거리 단위로 나타낼 수 있는 서비스를 떠올린 것이죠. 콜린은 아마존에서 개발자로 일했던 마이크 비외르크그렌Mike Bjorkegren과 프레드 허친슨 암연구센터의 시스템분석자인 크리스 스몰Chris Small을 만나 팀을 꾸리고 2012년 폴리스Pol.is를 개발합니다.

요약하자면, 폴리스는 설문조사에 데이터 시각화를 적용시킨 온라인 의사소통 도구입니다. 의견의 유사 정도에 따라 응답자들이 어떻게 분포되어 있는지, 그 속에서 내 위치는 어디인지를 실시간으로 보여줍니다. 폴리스가 사용하는 시각화 방식은 '지도'입니다. 하나의 사안에 대해 사람들이 갖는 의견이 2차원 지도상에 좌표로 표시되고, 유사한 입장의 그룹이 얼마나 있는지도 보여줍니다.

사용법은 간단합니다. 누군가가 한 주제에 대해서 설문조사 페이지를 개설하고 사용자들을 초대하면, 초대된 이들은 그 주제에 대한 자신의 의견을 작성합니다. 그러면 페이지에 접속한 사람들은 다른 사람들이 작성한 의견에 대해 찬성, 반대 혹은 보류 버튼을 눌러 입장을 표명합니다. 각 의견에 대한 답변은 실시간으로 반영되어 응답을 추가할 때마다 네트워크 지도 위에서 나의 위치가 조금씩 바뀌게 됩니다. 그렇게 사람들은 하나의 좌표가 되어 평면 위를 떠돌게 되는데, 폴리스는 이 좌표들 중 비슷한 위치의 사람들을 이어서 도형을 만들어 보여줍니다. 그룹이 형성되는 것이지요. 논의하는 주제에 따라 그룹의 수와 모양, 크기는 가지각색입니다. 만약 논의하는 사안이 단순히 찬성과 반대로 표현할 수 있는 것이라면 지도에는 찬성그룹과 반대그룹 두 가지가 나타나겠지요. 하지만 좀더 복잡한 논의라면 그룹은 3개, 혹은 4개까지도 생겨날 수 있습니다.

폴리스는 페이스북이나 트위터 계정을 통해 로그인할 수 있어서, 나의 좌표가 속한 그룹, 즉 나와 비슷한 의견을 가진 사람들의 좌표를 누르고 그 사람의 페이스북이나 트위터를 바로 살펴볼 수 있습니다. 이를 활용하여 오프라인으로 모임을 조직하고 행동으로 이어나갈 수도 있지요. 또한 폴리스는 전체 응답자들이 가장 많이 지지한 코멘트를 보여주는 것은 물론, 각 그룹별로 가장 지지를 많이 받은 코멘트를 순서대로 정리해서 보여줍니다. 이를 잘 활용하면 토론이나 회의를 진행할 때 어떤 의견이 가장 큰 지지를 받고 있는지 한눈에 확인하여, 더 심화하거나 수정한 질문을, 다음 논의해야 할 안건으로 뽑아낼 수도 있습니다.

최근 대만 정부는 이런 방식으로 우버Uber 택시의 자국 내 도입과 관련한 설문조사 페이지를 개설해 회의 안건을 크라우드소싱으로 정했습니다. 정부 공식회의 4주 전에 개설된 폴리스 페이지를 통해 시민들의 의견을 받고, 이중 여론의 지지를 가장 많이 받는 의견이 무엇인지, 가장 시급한 문제는 무엇인지를 미리 살펴

Pol.is

길고양이 문제를 어떻게 해결할 것인가?

참고할 만한 기사 또는 글
-캣맘, 동네 주민에게 험한 욕 들어(링크)
-쓰레기 뒤지는 길고양이(링크)
-길고양이 때문에 못 살겠다! 주민들 호소(링크)

👤 진우명

길고양이들이 쓰레기 봉투를 다 찢어놔서
주민들의 불만이 이만저만이 아니에요.
쓰레기통을 사용하는 게 어떨까요?

⊘ 찬성　　　⊘ 반대　　　잘 모르겠음

👤 박태호

지역에서 캣맘들이 공식적인 직함을 가지고
활동할 수 있었으면 좋겠습니다.
주민들이 해코지하거나 무시하지 않도록.

⊘ 찬성　　　⊘ 반대　　　잘 모르겠음

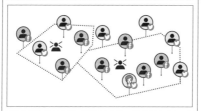

지도상에서 가까이에 있는 사람들이 나와 비슷한 생각을 하는 사람들이구나. 보기 편한데? SNS도 바로 연결되어 있고, 한번 같이 이야기해봐야겠다.

공식회의의 안건으로 정한 것입니다. 폴리스에서 걸러진 안건을 중심으로 학자, 대중교통 전문가, 대만 택시기사연합회, 우버 택시 대표, 교통부, 경제부, 재정부의 관료 등 약 2000명의 이해관계자들이 온라인상에서 2시간 동안 회의를 했습니다. 이렇게 해서 우버 택시 기사들도 영업면허를 따고 별도의 운전자보험에 들어야 한다는 결론에 이르렀습니다. 기본 골자는 폴리스에서 얻은 다수 의견과 일치했지요.

콜린은 폴리스가 의사결정 도구로서 갖는 특징과 의미를 다음과 같이 간결하게 정리했습니다.

"웹사이트의 댓글란에서는 같은 이야기를 두고도 중구난방의 대화가 이루어지기 쉬운데요, 폴리스는 웹커뮤니케이션에서 간과되어온 다양한 의견의 '양적 종합'과 '질적 분석'을 통해 효율적인 의사소통이 가능하도록 도와줍니다. 누구나 그러한 도움을 필요로 하고, 그만큼 폴리스는 사회에 기여할 수 있겠죠."[15]

콜린 메길

인간의 공동선을 믿는 낙관주의자

'여론'이란 손에 잡히지 않는다. 눈에 잘 보이지도 않는다. 4700만 국민 개개인의 의견을 들어 모두가 합의하는 새로운 테러방지법안을 만드는 일은 가능할까. 정부가 추진하고 싶어하는 노동법 개정 세부안에 대해 국민들의 생각을 듣고 각기 다른 생각의 합의점을 찾는 '생산적인 토론' 을 할 수 있을까. 수천만 명 차원이 아니라 수백만 명, 수십만 명 단위로 좁힌다면 가능할까.

한 사람 한 사람이 헌법기관이라는 국회의원 300명이 모인 국회에서 도 쉽지 않은 일이다. 모든 사람이 모든 사회 이슈에 대해 관심을 갖고 정보를 모은다거나 그에 따른 의견을 갖고 있을 수도 없는 노릇이다. '모 두의, 모두에 의한, 모두를 위한' 토론이란 현실적으로 불가능한 꿈일지 도 모른다.

가닿을 수 없을 것만 같은 이런 '이상'을 '그럼에도 불구하고' 현실에서 구현하려는 젊은이가 있다. 수백만 명의 목소리를 동시에 듣고, 그 목소리들을 계량화해 가장 합리적인 합의점을 찾으려 시도하고 있다.

그 주인공은 바로 콜린 메길이다. 그는 "모든 사람이 스마트폰을 가지고 있다고 가정해보자. 시장이 아침에 일어나 어떤 안건을 폴리스에 올리면 언제 어디서든 누구나 그 안건에 대한 찬반 의견을 이야기할 수 있다. 시 전체가 언제 어디서나 자유롭게 의사소통이 가능하다"라고 말했다.

메길은 "미래에는 이런 기술의 도움으로 더 큰 규모의 집단에서도 서로를 신뢰하며 긍정적 상호작용을 하는 사회가 도래할 것"이라고 믿는 '긍정주의자'다. 시민의 역량을 믿고 시민의 공동선을 믿는 '몽상가', 폴리스 설립자 콜린 메길을 만났다.

Q. 폴리스에 어떻게 착안했나.

A. 2009년 대학을 졸업했다. 투자회사 리먼브러더스의 파산으로 미국이 금융위기의 한복판에 있던 때였다. 졸업 뒤 나는 대학 때 하고 싶었던 일 가운데 하나였던, 자급자족하며 사는 법(우프WWOOF)을 배우기 위해 뉴욕에서 시애틀 북서부의 한 섬으로 이주했다. 여기서 버섯을 채집하고 활로 사냥하는 법을 배웠다. 1년 동안 농사도 지었다.

이 시기는 내가 대학 시절에 공부하지 못했던 많은 것을 읽고, 쓰고, 배우고, 생각하는 시간이었다. 대학 때 많은 관심을 두지 못했던 경제제도, 그리고 시스템에 관련해서 많이 읽고 공부했다. 그러면서 새로운 형태의 은행이 필요하다는 생각을 하게 됐다. 돈을 어떻게 투자할지 다같이 결정을 내리는 은행 말이다. 그렇다면 이 제도에 관심 있는 모든 사람들이 토론할 수 있어야 하고, 그러려면 토론 소프트웨어가 필요했다. 폴리스를 처음 고안하게 된 맥락이다.

또다른 계기가 있다. 당시는 튀니지의 반정부 시위를 시작으로 이집트·리비아 등 북아프리카와 중동 지역으로 반정부 민주화 시위가 번져가던 때였다. 그 시위들에서 IT기술이 어떻게 사람들의 생각을 모으고 행동을 이끌어낼 수 있는지 목격했다. 동시에 시위의 한계에 대해서도 생각하게 됐다. 아주 많은 사람들이 한꺼번에 모여 여러 가지 의견을 쏟아내면 그 운동의 합의점이 무엇인지, 사람들이 원하는 바가 무엇인지를 알아차리기 힘들다. 이 문제를 해결해야 한다는 생각 역시 폴리스를 구상하는 데 많은 역할을 했다.

Q. 사회과학을 전공했는데 어떻게 소프트웨어를 만들 수 있었나.

A. 정치외교를 전공했지만 사회학과 비교종교, 특히 아시아 종교와 선불교 관련 수업도 많이 들었다. 학부에서 공부하는 동안, 사람들이 집단적으로 행동할 때 겪는 어려움에 대해 관심이 많았다. 큰 집단 안에서 다른 사람과 협력하는 능력은 인간이라면 누구나 중요하게 생각하는 기술이지만, 누구나 기본적으로 갖고 있는 능력임에도 집단적인 수준에서 이루어지는 사람들 사이의 소통과 협업은 늘 어렵다고 느꼈다.

이런 문제에 관심을 갖고, 앞서 말한 시위와 운동을 보면서 디지털 기술을 활용해야 한다는 문제의식이 심화됐다. 섬에서 지내는 3년 동안 그런 생각을 다듬어가다가 시애틀로 이사했다. 시애틀에서 프로그래밍을 배우고 소프트웨어 회사에 취직해 개발자가 됐다.

이후 정보기술 등과 관련한 여러 모임에서 (나중에 폴리스를 함께 만든) 마이크 비외르크그렌과 크리스 스몰을 만났다. 인공지능, 기계학습 분야에서 박사학위를 받은 티모 에르킬레 역시 자문 역할을 톡톡히 해줬다. 이들과 함께 2012년 폴리스를 오픈했다.

Q. 폴리스는 실제 어떻게 사용되고 있나. 폴리스가 사람들의 의사소통 방식을 바꾸었나.

A. 내가 자주 언급하는 사례는 대만에서 일어난 일이다. 대만 페이스북에서 논쟁이 일었다. 한 콘퍼런스에 중국인 패널이 초대될 예정이었는데 이 사람을 초대해야 한다, 초대하면 안 된다를 두고 의견이 맞선 것이다. 그 패널 후보들이 IT업계에서 정의롭지 않은 일을 하기로 유명한 어느 중국 기업의 직원들이었기 때문이다.

누군가 "그 기업에서 일하는 직원을 관련 콘퍼런스에 초대하는 것은 옳지 않다"는 주장을 올리자, 여기에 200여 개의 '분노한' 댓글이 달렸다. 서로 싸우는 분위기로 번졌고 이야기는 공전을 거듭했다. 그때 대만 오픈소스 온라인 플랫폼 거브제로를 운영하는 카오치아량이 폴리스 링크를 걸고 '여기에서 이야기해보자'는 제안을 올렸다. 수백 명의 사람들이 폴리스에서 이 안건과 관련해 자신의 의견을 올리고 서로의 의견에 투표했다. 폴리스는 그에 따라 사람들의 의견 지형도를 제시했다.

당연하게도 '초대해야 한다'는 그룹과 '초대하지 말아야 한다'는 두 그룹으로 나뉘었다. 흥미로운 점은 90% 이상의 사람들이 '콘퍼런스 책임자가 올바른 결정을 할 거라 믿는다'고 생각한다는 점이었다. 이 의견에 대해서만은 합의를 이루고 있었다. 또 '그 중국 기업이 매우 나쁜 일을 하고 있다'는 의견에도 90% 이상의 사람들이 동의했다. 페이스북에서는 모두가 서로 다른 목소리를 내며 고함치고 있는 듯 보였지만, 의견의 지형도를 그려보니 사람들은 '자신들의 커뮤니티를 신뢰하고, 그 커뮤니티가 갖고 있는 공동의 목표에 대부분 동의한다'는 점을 알 수 있었다.

보통 수백 명이 온라인 공간에서 한 주제에 대해 이야기하더라도 저마다 주장하는 포인트가 다르다. 결국 합의를 끌어내기 위한 토론이 아니라 각자가 자기 이야기를 하게 될 뿐이다. 그 이야기들마저 어딘가로 수렴되지 않고 흩어진다. 대화들 속에서 합의점은 무엇인지, 이견은 무엇인지를 정확하게 찾아내면 잡음은 줄어들고 효용성은 증가한다. 이런 대화를 토대로 사람들 간의 작용도 긍정적으로 바뀐다.

대만에서는 온라인 기반 정치 토크쇼 〈타오〉(talkto.tw)에서 사람들의 의견을 크라우드소싱하는 데 폴리스가 사용되기도 했고, 미국—대만 경제개발 공동협정과 관련해 시민들의 의견을 수렴하는 플랫폼으로도 사용되었다. 대만에서 폴리스의 성장은 매우 놀랍고, 이 도구가 앞으로 어떻게 사용될 수 있을지 무척 기대된다.

Q. 폴리스는 여러 의사소통 애플리케이션 중에서도 의견 지형도를 시각화해서 보여준다는 점이 특이하다. 왜 '시각화'에 중점을 두었나.
A. 보통 사회과학에서는 설문조사를 다차원적으로 분석하는 통계 툴이 있다. 폴리스가 사용하는 알고리즘은 사회학에서 쓰는 알고리즘과 같다. 차이점은 교수들이 몇 달에 걸쳐 했던 작업을, 우리는 인공

지능과 기계학습 등을 이용해 즉각적으로 볼 수 있게 만들었다는 것이다. 시각화 방식에선 많은 변화가 있었다. 지금은 의견 지형도를 그릴 때 각자의 SNS 프로필 사진 아이콘을 사용하지만, 처음에는 단순히 점 모양이었다. 이것을 '얼굴'로 바꿈으로써 어떤 개인의 '위치'를 나타낸다는 게 직관적으로 인지됐다. 많은 시행착오와 반복을 거쳐 지금의 폴리스가 됐다.

Q. 폴리스를 통해 구현하고 싶은 사회의 모습이 있나.

A. 미국 건축가 버크민스터 풀러가 말한 '비행기 뒷날개'의 중요성에 대해 말하고 싶다. 비행기의 뒤에는 아주 작은, 회전하는 꼬리 날개가 있다. 이 작은 금속 덩어리가 비행기 전체를 움직이게 한다. 나 역시 전체를 움직이기 위해 '시스템'을 생각하려 한다. 모든 사람이 거리 집회에 참여할 수는 없다. 하지만 거리에 나오는 것 말고도 시스템을 바꿀 수 있는 작지만 중요한 부분이 매우 많다.

　나는 그 방법 가운데 하나가 폴리스라고 생각한다. 미디어의 의제 설정과 관련해 걸러냄 없이, 누군가의 간섭 없이 특정 이슈에 대해 모든 사람들의 의견을 있는 그대로 듣고 계량화해 표현할 수 있다. 폴리스를 이용하면 시민과 정부가 의사소통하는 방식, 그로 인한 시민과 정부의 관계를 매우 빠르게 바꿀 수 있다.

Q. 인터넷 혹은 기술은 세상을 어떤 방향으로 바꿀까.

A. 기술이 미래의 민주주의에 중요한 역할을 할 것이라고 믿는다. 현대

사회는 점점 100% 스마트폰 시대를 향해 가고 있다. 모두가 스마트폰을 가지고 다님으로써 상상 가능한 '집단경험' '집단행동'의 규모가 달라질 것이다. 기술을 통해 의사소통 방식이 개선되면, 집단행동에 어려움을 겪는 인간이 좀더 서로를 신뢰하며 큰 규모의 집단 속에서도 선의와 효율을 주고받으며 사는 사회가 올 것이다.

* 이 인터뷰는 2016년 2월 29일자 『한겨레21』에 '와글이 만난 몽상가들 ―"시민과 정부의 관계를 바꾸고 싶다"'라는 제목으로 실린 기사를 편집한 것입니다.

 좋아요   댓글달기   공유하기

3장 A에서 Z까지 원스톱 참여행정
―디사이드 마드리드

정부가 새로운 시스템을 만든다고 하면, 일단 예산을 많이 쏟아붓고 '개방' '소통' '시민을 위한' 등의 좋은 말로 잔뜩 치장하는 모습을 보게 됩니다. 그런데 속을 들여다보면 시민들이 꼭 필요로 하는 것들이 빠져 있거나 잡다한 기능이 뒤섞여 이용에 혼선을 겪는 경우가 많습니다. 사용자의 입장에서 생각하기보다 일종의 전시행정으로 예산과 시간을 낭비하면서 '밑 빠진 독에 물 붓기'와 마찬가지 결과를 낳는 것이죠. 왜 이런 일이 일어날까요?

참여는 돈 주고 못 삽니다   ∨

"세금을 온라인으로 관리, 납부할 수 있도록 마드리드 시의 시스템을 현대적으로 개편하겠다."[1] 전 마드리드 시장인 알베르토 루이스 가야르돈Alberto Ruiz Gallardon이 2005년에 했던 약속입니다. 이 프로젝트는 임기 내에 마무리되지 못하고 같은 국민당 출신의 아나 보테야Ana Botella 시장에게로 넘어갑니다. 하지만 보테야 시장 역시 임기가 끝날 때까지 이 프로젝트는 완성되지 못했습니다.

이 프로젝트를 10년이나 끌고 갔던 국민당 정부는 500여 명 규모의 정보부 인력을 가지고 있으면서도 민자사업을 고집했는데, 10년 간 다섯 번이나 제작사를 갈아치우며 약 1800만 유로(약 220억 원)의 예산을 쏟아부었습니다.[2] 그러나 결국 아무것도 바꾸지 못했지요. 이러한 마드리드 시정부의 실패에 대해, 이후 집권한 아오라 마드리드 소속 시의원이자 개발자인 파블로 소토Pablo Soto는 "그것을 완성시키려는 정치적 의지가 없었기 때문"[3]이라고 말합니다. 2016년 아오라 마드리드Ahora Madrid(183쪽 참조)는, 국민당 집권 시기 시정부의 방만한 재정 운용을 집중 추궁하며 이 프로젝트의 관계자를 소환해 조사를 벌이기도 했습니다.[4]

파블로 소토는 어린 시절 근육영양장애 판정을 받은 장애인으로, 20대 초반부터 독학으로 컴퓨터 프로그래밍을 공부했습니다. 프로그래밍 공부를 시작한 지 1년 만에 그는 '오메모0memo'라는 웹사이트를 만들었습니다. 한때 우리나라에서도 논란이 되었던 '소리바다'처럼 음원을 공유할 수 있는 사이트였죠. 이로 인해 파블로 소토는 대형 음반회사들로부터 불공정거래법 위반혐의로 1300만 유로(약 160억 원) 상당의 소송을 당합니다.[5] 하지만 그는

최종심에서 저작권 위반혐의에 대해 무죄를 선고받았고, 오메모
는 지금도 전 세계 2500만 명이 사용하고 있습니다.

이 사건을 계기로 파블로 소토는 열린 공간으로서의 온라인의
성격, 공유와 공공성 등에 대해 더한층 관심을 갖게 됩니다. 자신
을 '인터넷 액티비스트Internet activist'로 규정한 그는 스페인 15M운
동에 동참하면서, 이에 대한 자료를 아카이빙하는 온라인 플랫폼
프로젝트를 기획하기도 했습니다. 점차 시민을 위한 소프트웨어
개발자로 이름을 알리게 된 파블로 소토는 2015년 6월 치러진 지
방선거를 통해 마드리드 시의원이 됩니다.

시민들이 직접 결정한다, 디사이드 마드리드 ∨

파블로 소토는 지방선거 캠페인을 회상하며 이렇게 말합니다. "캠
페인을 하면서 우리는 많은 사람들을 만났죠. 모두들 자신이 무
엇을 필요로 하고 원하는지 알고 있었지만, 문제는 그것을 결정할
수 있는 도구가 없다는 점이었습니다."[6]

시민들이 정치에 참여할 수 있는 플랫폼을 만들겠다는 파블로
소토의 의지는 여기서 시작되었습니다. 그를 비롯한 마드리드 시
의회는, 시민들이 직접 시 행정과 관련한 역할을 맡고 이 도시에
서 무엇이 실현되어야 하는지 결정할 수 있기를 바랐습니다.

마드리드 시의회에서 '시민참여' 부문을 담당하게 된 파블로 소

토 의원은, 의회가 구성된 지 3개월 만인 2015년 8월에 시민들이 시의 재정과 입법, 행정 과정에 직접 참여할 수 있는 시민참여 웹사이트 '디사이드 마드리드(decide.madrid.es)'를 오픈했습니다. 이 웹사이트를 만드는 데는 3명의 팀원과 10만 유로(약 1억 2000만 원)의 예산이 들었습니다. 완전히 새로운 웹사이트를 만들기보다 기존의 다양한 서비스들을 활용했기 때문에, 적은 예산으로 짧은 시간 안에 완성할 수 있었던 것입니다. 지지부진하며 예산만 낭비하던 국민당 정부와는 완전히 다른 모습이죠. 정책발의, 참여예산, 공공데이터 개방 등을 주요 기능으로 한 시민참여포털 디사이드 마드리드는 2015년 9월부터 공식 운영을 시작해 지금까지 이어지고 있습니다.

디사이드 마드리드의 3대 가치는 '시민참여' '정보공개' '정부 투명성'입니다. 먼저 '시민참여'는 말 그대로 시민들이 의사결정 과정을 비롯한 마드리드 시 행정에 직접 참여하는 것을 말합니다. 이를 위해 정부가 보유한 모든 정보에 시민의 접근을 보장합니다. 이것이 '정보공개'입니다. 여기에는 단순히 공개뿐 아니라, 다양한 용도로 재사용할 수 있도록 정보를 가공하는 것까지 포함합니다. 그래야 누구나 공개된 정보를 목적에 맞게 활용할 수 있기 때문이죠. '정부 투명성'은 정부의 지출 내역, 의사결정 과정 등을 공개함으로써 시민들이 시정을 투명하게 들여다볼 수 있게 하는 것을 뜻합니다. 디사이드 마드리드는 시민들이 마드리드 시의 모든 회의 기록을 열람할 수 있도록 공개한 것은 물론, 특정 이해관계자가 로비를 위해 의원과 접촉하지는 않았는지 의원들의 회의 일정 및 녹취록까지 공개하는 것을 원칙으로 합니다. 이로써 시민들은 자신들이 선출한 정치인들에 대해 실질적인 감시 권한을 갖게 됩니다.

　이 세 가지 핵심 가치는 상호보완 관계에 있습니다. 시민참여를 위해서는 정보가 공개되어야 하고, 정보공개는 정부 투명성 확보로 이어지고, 정부 투명성으로 정치가 시민들의 신뢰를 얻으면 시민참여가 더 적극적으로 이루어지겠지요. 이처럼 적극적 시민참여는 여러 가치들의 유기적 연결로 가능해집니다. 단순한 정보공개나 정부 웹사이트 개설이 시민들의 자발적 참여를 보장하지는 않습니다. 참여를 촉진시키는 선순환구조를 만드는 것이 중요합니다.

컴퓨터 소프트웨어 개발자였던 파블로 소토(오른쪽)는 온라인상의 공유 행위와 공공성 등에 관심을 갖고, 시의원으로 당선된 지 3개월 만에 시민참여 웹사이트인 디사이드 마드리드를 개발한다. ⓒWikimedia

사랑하는 도시, 스스로 만들어갑니다   ∨

디사이드 마드리드는 파블로 소토 혼자만의 작품이 아닙니다. 그는 '아오라 마드리드(Ahora Madrid, '지금 마드리드'라는 뜻)' 소속 의원으로, 이 정당은 앞서 소개해드린 바 있는 바르셀로나 엔 코무처럼 지역 풀뿌리 네트워크에 기반한 정치연대입니다. 기성 정치에 실망한 시민들과 사회운동단체, 다양한 정치조직들이 모여 만들어진 아오라 마드리드는 지난 24년간 집권 여당인 국민당의 아성이었던 수도 마드리드에서 높은 지지율(31.8%)을 얻으며 단번에 제2정당으로 올라섰습니다. 그리고 사회당과의 연정을 통해 아오라 마드리드의 1번 후보였던 마누엘라 카르메나^{Manuela} ^{Carmena}를 마드리드 시 시장으로 당선시켰습니다.

전직 판사이자 변호사인 마누엘라는 프랑코 독재 치하에서 억압받던 이들과 노동자들을 대변했으며, 노동자들을 위한 변호인 연합의 공동 창립자입니다. '민주주의를 위한 진보적 법조인 모임 de la asociación progresista Jueces para la Democracia'의 설립 멤버이기도 합니다. 풀뿌리 세력을 바탕으로 한 아오라 마드리드의 후보로서 그는, 시민과 함께하는 시민의 후보임을 강조하며 선거캠페인을 벌였습니다. 이처럼 한결같이 인권과 정의, 민주주의를 수호하기 위해 힘써온 마누엘라에게 청년층을 비롯한 많은 시민들이 지지를 보냈습니다.

시장이 된 마누엘라는 시민들이 정치에 참여하는 방식을 새롭게 바꿀 것을 최우선 과제로 꼽았습니다. 단지 투표 기간에만 정치에 참여하는 것이 아니라, 일상적으로 자신이 속해 있는 도시와 공동체에서 중요한 역할을 맡아야 한다는 것입니다. 이를 위해 마누엘라 시장은 시민들이 자신의 의견을 의회에 직접 제안하고, 그것이 실제 정책에도 반영될 수 있는 시민참여포털을 만들기로 했습니다. 바로 이 공약이 파블로 소토의 추진을 통해 실현된 것이죠. "마드리드 시를 사랑하세요. 그럼 마드리드는 당신이 사랑하는 도시가 될 것입니다"라는 디사이드 마드리드의 모토가 말해주듯이, 이 포털서비스는 시민들이 자신의 이상대로 도시를 변화시켜나갈 수 있도록 지원하고 있습니다.

직접민주주의는 대의제를 보완한다　　　　　　　　　∨

파블로 소토와 함께 마드리드 시의회의 시민참여 플랫폼 디렉터로 일하고 있는 미겔 아라나 Miguel Arana는 디사이드 마드리드에 관해 다음과 같이 평가했습니다.

"중요한 사실은 이 플랫폼이 마드리드만을 위한 것이 아니라는 겁니다. 문제는 특정 지역에만 국한되어 있지 않습니다. 우리는 이를 좀더 거시적 차원에서 바라봐야 합니다. 민주주의와 같이 전체적인 시스템의 문제로 말입니다. 우리가 처음 사이트를 만들 때, 오픈소스 형태로 만들겠다고 결정한 이유가 바로 이것입니다.

만약 이 플랫폼이 마드리드에서 잘 작동된다면, 다른 어떤 도시에서도 마찬가지일 겁니다. 점차 다른 도시들이 우리와 협업하게 될 것이고, 이러한 시민참여 프로젝트가 널리 적용될 수 있을 것입니다."[7]

특히 1부에서 살펴봤듯 콘플루엔시아로 집권한 스페인의 여러 지역정부, 혹은 지방의원들은 온라인을 활용한 시민참여 방식을 행정에 적용하려는 강한 의지를 갖고 있습니다. 따라서 새로운 플랫폼을 만들고 시험해보는 과정이 일종의 공동작업 형태로 이루어지고 있습니다. 마드리드에서 만든 플랫폼을 바르셀로나에서 쓰고, 사용 과정에서 이루어지는 피드백을 다시 다른 도시가 반영하는 형식으로 '플랫폼의 진화'가 매우 빠른 속도로 일어나는 것이

마드리드 시의회의 시민참여 플랫폼 디렉터인 미겔 아라나. 평범한 대학원생이었던 그는 15M운동을 계기로 디지털 전략그룹인 라보데모를 거쳐 마드리드 시의회에서 일하고 있다. ©WAGL

지요. 미겔은 15M운동 전까지만 해도 대학원에서 물리학을 전공하는, 자칭 '평범한 젊은이'였습니다. 그는 당시 상황에 대해 이렇게 말했습니다.

"모든 사람이 우리는 변할 수 없다고 단호하게 말했어요. 언론도, 양당정치도 너무 크고 강력해서 시민들이 바꾸는 것은 불가능하다고 생각했죠. 시위 바로 하루 전날까지도요."[8]

15M운동 이후 미겔은 낮에는 대학원생으로, 밤에는 깨어 있는 시민으로 '이중생활'을 했습니다. 미겔은 이 무렵을 떠올리면서 이렇게 덧붙였습니다.

"하라는 공부는 안 하고 시위에 나간다고 지도교수가 눈치를 주기도 했어요. 대학에서 일해 생활비를 벌면서 시위에 참여했으니 대학에 고마워해야겠죠?"[9]

디사이드 마드리드가 지향하는 시민참여는 미겔과 같은 사람들이 15M운동에 참여하던 방식과 크게 다르지 않습니다. 직업정치인이 전담해온 정치적 의사결정 과정에, 시민들이 스스로 가능한 만큼의 시간과 관심을 보태 더 나은 공동체를 만들기 위해 힘을 모으는 것이죠. 여기에는 직업이나 소득도 상관이 없고, 남녀노소를 불문하고 참여할 수 있습니다. 누구나 온라인을 통해 제안된 논의에 댓글을 달 수 있는데, 심지어 마드리드 시에 살지 않는 한국인이라도 얼마든지 토론에 참여할 수 있습니다. 다만 정책 제안이나 표결에 직접 참여하기 위해서는 마드리드 시민이라는 사실을 증명하는 과정을 거쳐야 합니다. 신분증을 온라인으로 확인

받거나 우편을 통한 인증이 가능합니다. 일정 기간 마드리드에 거주하는 학생들도 자격이 주어집니다. 단순 토론 참여는 별도의 인증 없이도 가능합니다.

디사이드 마드리드는 '토론-제안-투표-결정'의 과정이 한번에 이루어지는 원스톱 포털이기 때문에 사용이 매우 편리합니다. 한국의 경우, 대다수 공공기관 사이트들은 섬처럼 뚝뚝 떨어져 있습니다. 정부 홈페이지 따로, 정보공개 페이지 따로, 민원 페이지 따로. 이렇게 단편적이고 분절된 통로는 시민들의 참여 의지를 떨어뜨립니다. 시민들의 의견이 실제 의정에 반영되는 경우도 극히 드물지요.

디사이드 마드리드를 통해 제안된 시민의 의견이 1년 안에 마드리드 인구의 1%(약 2만 7000명)의 지지를 받으면 자동으로 시의회로 넘어가 공식적으로 논의됩니다. 다양한 의견들이 시정부의 행정과 도시계획, 예산 편성에 적극적으로 반영됩니다. 시민들은 이런 방식으로 정책을 제안하거나 예산 책정, 입법, 행정에도 참여할 수 있습니다. 이는 시민들이 정부가 하는 거의 모든 일에 동참할 수 있다는 것을 뜻합니다.

이러한 직접 참여에 기반한 민주주의가 어떤 가치를 지니는지에 대해 디사이드 마드리드 웹사이트에서는 다음과 같이 설명합니다. "직접민주주의는 인권을 옹호하고, 소수자를 대변하는 데더 효과적이다. 어떤 경우에도, 직접민주주의는 대의제 민주주의를 대체하거나 손상시키지 않는다. 오히려 대의제 민주주의가 풀지 못하는 문제들을 해결함으로써 그 한계를 보완한다."[10]

　마드리드 시는 2016년 1월 개설한 '시민참여예산' 페이지를 통해 시 예산 중 160만 유로를 어떻게 쓸지에 대해 시민들이 직접 결정하는 사업을 진행하고 있습니다. 이처럼 마드리드 시는, 빈말이 되기 쉬운 '참여'와 '소통'을 완전히 개방된 온라인 공간에서 실험해보고 있습니다. 인터넷과 디지털기술을 활용해 대의제를 보완할 직접민주주의의 이상을 실현하고 있는 것이지요. 무엇보다 온라인 공간을 통해 시민참여가 실제 변화로 이어지는 과정을 투명하게 보여줌으로써 더 많은 참여를 촉진시키고 있습니다. 이처럼 온라인 공간이 갖는 투명성을 잘 활용하는 것은 시민참여포털의 성공 여부를 가늠하는 중요한 열쇠일 것입니다.

4장 묵히면 고물, 엮으면 보물
ㅡ시민개발자 커뮤니티   🔍

"구슬이 서 말이라도 꿰어야 보배다." 이 말을 데이터에 적용하면 어떨까요? "가공 안 한 데이터는 고물, 가공한 데이터는 보물" 정도가 적당할 것 같습니다. 하루에도 엄청난 양의 정보가 쏟아지는 온라인 공간에서 가공되지 않은 데이터는 아무도 거들떠보지 않습니다. 특히 정부와 공공 영역에서 엄청난 데이터들이 쏟아지고 있지만, 많은 경우 그 존재조차 드러나지 않는 경우가 많습니다. 다행히 고물처럼 보이는 이 데이터를 엮어 보물로 만들어내는 사람들이 있습니다. 공공 데이터를 가공해 정부 투명성을 높이고 시민참여 활성화에 기여하는 프로그래머·기획자 그룹입니다. 이들을 시빅 해커Civic Hacker라고 부릅니다.

모든 정보는 공개되어야 한다, 거브제로   ⌄

디사이드 마드리드가 시정부 차원에서 만들어진 시민참여포털이
라면, 대만의 거브제로^{g0v}는 민간 차원의 공공정보포털이자 소프
트웨어 개발커뮤니티입니다. 온라인 공간의 열린 멤버십을 토대
로, 다양한 인사들의 자발적 참여로 운영되고 있죠. 각기 다른 배경
을 가진 사람들이 모여 오픈소스 형태로 협업을 하는 모델입니다.

　거브제로라는 명칭은 대만 정부이 홈페이지 주소(gov.tw)를 패
러디하여 만들어진 것입니다. 알파벳 'o'를 숫자 영(0)으로 바꿔서
'디지털 네이티브에 의해, 원점부터 시작한다$^{By digital natives, from Zero}$'
라는 의미를 담았습니다. 이러한 모토 아래, 거브제로는 공공정보
공유, 정부 투명성 및 시민참여를 촉진시키는 소프트웨어 개발과
캠페인 활동을 해오고 있습니다.

　거브제로의 첫번째 프로젝트는 정부의 경제정책 자료를 시각화
하여 누구나 볼 수 있도록 하는 해커톤^{Hackathon}을 개최하는 것이
었습니다. 해커톤은 '해킹'과 '마라톤'의 합성어로, 여기서 '해킹'은
일반적인 뜻과 달리 비영리적이고 자발적인 프로그래밍 활동을
뜻합니다. 따라서 해커톤은 시간이나 장소 또는 주제를 정해놓고
소프트웨어 개발자와 프로그래머, 그래픽 디자이너 등이 모여 집
중적으로 공동 작업을 하거나 이벤트를 벌이는 자리를 가리킵니
다. 거브제로의 해커톤은 2012년 대만 정부가 집행한 경제개혁정
책 홍보 광고에 대해 반발하며 시작되었습니다. 광고를 통해 대만

정부가 "복잡한 경제 문제는 정부가 알아서 하겠다"는 식의 일방적이고 관료주의적인 태도를 보이자, 이에 분노한 거브제로 멤버들이 정부 정책의 오류를 시각화된 자료로 만들어 사람들이 쉽게 이해할 수 있게 만들어보자는 것이 이 해커톤의 취지였습니다.

시엘카오clkao라는 닉네임으로 더 잘 알려진 소프트웨어 개발자이자 거브제로의 설립자 카오치아량高嘉良은, 몇백 명이 한꺼번에 모일 수 있는 장을 열었다는 점에서 해커톤이 소프트웨어 개발 이상의 더 큰 의미를 만들어냈다고 평했습니다. 이렇게 대규모의 행사를 통해 서로 간의 연대를 확인한 후, 거브제로는 두 달마다 새로운 프로젝트들이 생겨날 만큼 젊고 활발한 커뮤니티가 되었죠.

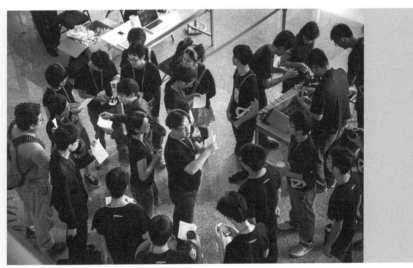

2014년 대만에서 열린 거브제로 서밋의 모습. 거브제로는 오픈소스 온라인 플랫폼을 공공 영역에 적용해 공공정보 공유와 시민참여를 촉진시키는 다양한 활동을 펼치고 있다. ©g0v

앞서 폴리스의 사례에서 잠깐 언급했던, 우버 택시 도입 여부를 놓고 대만에서 열린 온라인 토론이 바로 거브제로에 의해 마련된 것이었습니다. 이 또한 해커톤에서 탄생한 아이디어입니다. 폴리스를 통해 모인 시민들의 의견이 이후 열린 정부 주재 연석회의에서 합의안 도출에 중요한 참고자료가 되었다는 내용은 이미 설명한 바 있습니다. 이처럼 거브제로는 정부가 독단적으로 어떤 사안을 결정하기보다 시민들과의 쌍방향 소통을 통해 의사결정을 내리도록 도우면서, 온라인을 통한 공동체 내의 집단지성 구현에 기여하고 있습니다.

거브제로의 또다른 중요한 활동 영역은 정부 투명성을 강화하는 시각자료를 만드는 일입니다. 정부 예산 감시, 공무원의 관광 목적의 해외 연수 감시, 정치 기부금 감시, 의사록 열람, 회의 영상 다시보기 등이 거브제로가 제공하는 대표적인 서비스들입니다. 시민들이 좀더 쉽게 정부가 하는 일을 감시할 수 있게 돕는 것이지요. 예컨대 국민 1인당 정부 부채금을 계산하는 페이지에서는 스마트폰 몇 대, 우주관광 몇 회와 같은 비유를 들어 누구나 직관적으로 쉽게 체감할 수 있는 형태로 수치를 표현하고 있습니다. 국회의원이 안건에 어떻게 투표했는지 표결 기록을 확인하고, 국회 출석률이 낮은 순서대로 순위를 매겨 보여주는 페이지도 있습니다.

우리 지역 예산은 내 손으로 짠다, 오픈노스   ∨

오픈노스OpenNorth는 캐나다의 비영리 스타트업 회사입니다. 소프트웨어 개발자이자 설립자인 제임스 매키니James Mckinny는 "어떻게 하면 시민들이 시의회에서 벌어지는 일을 한눈에 보게 할 수 있을까?"라는 질문을 던졌습니다. 각각의 시민뿐 아니라 여러 시민단체들 또한 지원하고 싶었던 오픈노스는 IT기술을 통한 오픈데이터 프로젝트를 시작합니다. 이 프로젝트들의 주요 목표는 '정부 투명성'과 '시민참여'였습니다. 목표를 달성하기 위해서는 무엇보다 질 좋은 정보를 쉽게 찾을 수 있도록 하는 것이 중요하다고 판단한 오픈노스는 데이터 표준 개발, 정치인 정보공개, 입법 감시와 관련한 서비스를 개발했습니다.

그중 '레프리젠트 APIRepresent API'는 캐나다 정치인들과 후보자들의 정보를 제공하는 서비스입니다. 지방자치구, 주, 연방 등 캐나다의 모든 정치조직 단위에 따른 선거구역과 해당 선거구역의 현직의원 정보를 제공합니다. 자신이 살고 있는 주소 혹은 우편번호를 입력하면, 그 주소에 해당하는 선거구역과 선출된 의원들을 바로바로 찾아줍니다. 여기에는 현재 캐나다의 모든 국회의원, 모든 주의회 의원, 1만 1000명 이상의 시장과 지방의원들, 그리고 모든 연방선거구, 주정부선거구, 8000개 이상의 지방자치선거구들이 등록되어 있습니다. 캐나다에서 가장 큰 규모의 데이터베이스이지요. 지도를 통해서 위 정보를 확인할 수 있는 것은 물론 버튼 하나만 누르면 곧바로 의원들에게 메일을 작성할 수 있도록 되어 있어, 많은 비영리단체, 노동조합 등이 의원들과의 연락을 위해 사용하고 있습니다.

그 밖에도 시민참여와 관련해서는 '시티즌 버젯Citizen Budget'이라는 서비스를 개발해 제공하고 있습니다. 시민들이 직접 예산 책정에 참여할 수 있도록 돕는 시뮬레이션 서비스로, 시민들은 이곳에서 부문별로 배정된 예산액을 더하거나 빼면서 자신이 속한 지역의 행정 예산을 구체적으로 살펴볼 수 있습니다. 예컨대 전체 1억 원으로 책정되어 있는 시 예산 중 복지 예산을 늘리고 싶다면, 증액분만큼 어느 영역의 예산을 축소할지 혹은 증세할지 전체 규모를 가늠하며 스스로 예산안을 짜볼 수 있습니다. 뉴욕타임스가 미국 정부의 적자 해결을 위해 여러 개의 예산 기획안을 제시한 데서 착안한 것입니다. 나무를 몇 그루 심을 것인가, 얼마나 자주 눈을 치울 것인가, 문화센터에서 몇 차례 공연을 할 것인가 등의 문제를 두고 단위별로 배정된 예산을 확인하고 액수를 직접 정할 수 있습니다. 너무 많은 행정서비스를 제공하면 예산은 적자가 되겠지요. 그러면 주차료를 올려 세입을 늘리거나 하는 방안을 시민이 시뮬레이션해볼 수 있습니다. 시민들의 행정서비스에 대한 이해도가 높아지겠지요.

지자체 또한 예산 정보를 입력하고 시민들이 이 시뮬레이션을 사용하게 함으로써, 시민들이 원하는 예산 사용의 우선순위를 한눈에 파악할 수 있습니다.

　　실제로 2011년과 2012년, 몬트리올 시 플라토 구에서는 이 프로그램을 시정에 활용했습니다. 732명이 참여한 '예산 시뮬레이션 결과'를 토대로 시 예산을 책정한 것입니다. 이 과정에서 몬트리올 시민들이 일반세보다는 특별교부세 형태의 납세를 선호한다는 점과, 공공예술 분야 지출로는 3만 달러 정도를 적당하다고 본다는 사실을 확인했습니다. 지자체 입장에서는 '주민참여예산'을 위한 오프라인 모임에서 많아야 수십 명의 의견밖에 들을 수 없지만, 온라인 도구를 통해 적게는 수백 명, 많게는 수천 명의 의견을 수렴할 수 있습니다. 오픈노스의 시티즌 버젯은 현재 북미 15개 지자체에서 성공적으로 활용중입니다. 그리고 다른 도시 혹은 국가에서 자유롭게 사용하도록 오픈소스 프로그램으로 공유하고 있습니다.

　　이렇듯 IT기술을 통해 시민들의 의견을 직접 반영할 수 있는 기회들이 조금씩 생겨나고 있습니다. 온라인을 통해 예산 책정이나 입법, 행정 등에 참여하면서 시민들은 민주주의 국가에서 주권을 지닌 주체로서 정치적인 영향력을 직접 행사하게 됩니다. 또한 시민들은 이 과정에서 집단적 지혜를 함께 만들어나가는 경험을 하게 됩니다. 충분한 정보의 습득과 분석, 그리고 이를 기반으로 한 민주적 절차를 거치면서 적극적인 정치 공동체의 일원으로 거듭나게 되는 것입니다.

　　선심성 공약이나 생색내기용 카드가 아니라, 권력을 시민들과 두루 나누고 집단지성으로 공동체의 문제를 풀어나가려는 정치철학이 필요한 시대가 왔습니다. 모두가 더 깊이 정치에 참여할 수 있도록 올바른 정보를 충분히 제공하고, 적절한 의사표현의 통로를 마련하는 것이 필요합니다. 이렇게 직접민주주의에 가까워질수록 정치와 행정에 대한 시민들의 만족도와 신뢰도는 올라가겠지요. 소수 엘리트의 지배가 아닌 대중의 합리적 토론과 결정에 의한 행정이 더 생산적이고 효율적입니다. 권력을 나눌수록 사회는 성장하고, 시민이 직접 참여할수록 공직자들은 긴장하고 각성하기 때문입니다.

제임스 매키니

오픈소스Open Source**의 중심에서 참여를 외치다**

시민은 어떻게 '똑똑한 유권자'가 될 수 있을까. 또 유권자가 '모든 것을
알고 있고, 모든 것을 보고 있다'는 사실을 선거에 출마한 후보자들에게,
한 표 한 표가 절실한 정치인들에게 알리는 방법은 없을까.

　2015년 10월 총선을 치른 캐나다에서 실마리를 얻을 수 있을지 모
른다. 캐나다는 지난 총선에서 10년간 집권해오던 보수당 대신 제3당
이던 자유당이 388석 가운데 184석을 얻어 정권을 교체했다. 자유당은
상위 1%의 증세, 지출 확대를 통한 사회안전망 확충, 미국과 공동 개발
한 차세대 전투기 F-35 구매계획 철회 등을 공약으로 내건 중도자유주
의 계열의 정당이다. 기존 집권당이던 보수당과 비교하면 '가진 자'보다
는 '사회적 약자'를 우선하는 정책을 펼칠 여지가 많다. 새로운 집권당의
등장과 더불어 주목받는 단체가 있다. 바로 '오픈노스'다.

　오픈노스는 2011년에 제임스 매키니라는 소프트웨어 개발자가 창립

했다. 정부의 투명성과 시민참여를 확대한다는 목표하에 시민들과 여러 단체들을 지원한다.

오픈노스는 이를 위해 '공공데이터'를 활용한다. 정부가 누구나 가공할 수 있는 오픈소스 형태로 공공정보를 공개하도록 요구하고, 그렇게 공개된 정보를 올바르게 꿰어 대중에게 쉽고 편리한 방법으로 제공하는 것이다. 설립자 제임스 매키니를 만나 오픈노스의 현재와 미래에 대해 물었다.

Q. 오픈노스가 하는 일에 대해 설명해달라.

A. 오픈노스는 공공의 참여와 정부의 투명성을 높이기 위해 만들어진 비영리단체NPO이다. 이 목적을 토대로 더 나은 정보와 더 나은 도구를 제공해 다른 조직을 지원하는 일도 한다. 오픈노스 프로그램 '레프리젠트 API'는 선출직 공무원과 선거 후보자 들의 데이터베이스다.

캐나다 브리티시컬럼비아 지역에서 활동하는 환경단체 '도그우드 이니셔티브Dogwood Initiative'가 지난 총선에서 레프리젠트 API를 활용한 방식이 대표적이다. 도그우드 이니셔티브는 당시 선거에 출마한 후보자들을 대상으로 지역구의 환경 이슈에 대한 입장을 묻는 설문조사를 하고 그 결과를 웹사이트에 공개했다. 도그우드 이니셔티브 홈페이지에 들어가서 내가 사는 곳의 우편번호를 치면, 지역구 후보들이 지역 환경 이슈에 대해 어떤 생각을 갖고 있는지, 조사에 답변했는지 여부를 알 수 있다.

만약 자신이 사는 지역의 후보가 설문에 답하지 않았다면 사이트에서 곧장 해당 후보의 전자우편이나 SNS 계정으로 연락해 "입장을 밝히라"

고 압박할 수도 있다. 유권자가 후보자에게 알 권리를 행사하는 것이다.

'폴리틱스 어사이드Politics Aside'라는 단체는 '세계 빈곤 감소'와 관련한 캠페인을 진행했다. 이들은 정치인의 호응을 얻어 이 캠페인에 대한 인지도를 높이고 싶어했다. 이들 역시 레프리젠트 API를 통해 손쉽게 정치인에게 자신들의 캠페인을 알리는 전자우편을 보냈고, 20%의 정치인들로부터 지지 선언을 얻어냈다.

만약 레프리젠트 API가 없었다면, 노동·환경·여성·빈곤 등 각각의 전문성을 지닌 단체들이 의원들의 정보를 얻고 이들에게 연락할 플랫폼을 만드는 데 힘과 시간, 돈을 허비했을 것이다. 오픈노스는 그런 비효율을 막고 시민 개개인은 물론, 사회를 나은 방향으로 움직이고 싶어하는 단체들을 지원한다.

Q. 오픈노스 프로젝트에 어떻게 착안하게 됐나.

A. 2004년 영국에 '그들은 당신을 위해서 일한다They Work For You'라는 단체가 있었다. 의원들이 발의한 법안에 시민들이 더 쉽게 접근할 수 있도록 국회 홈페이지에 올라온 여러 정보를 재구성하는 곳이었다. 관심 있는 법안에 대해 '알림'을 설정하면, 그 키워드와 관련해 국회의원이 법안을 제출하거나 발언할 때마다 개별적으로 공지되는 시스템이었다. 내가 알기로는 이미 공개된 정보를 활용해 민주주의라는 정치적 이념을 구현한 첫번째 프로젝트였고 이 작업에서 많은 영감을 받았다. 그러나 당시의 영감, 혹은 구상을 6년 동안 가슴속에 묻어뒀다.

그러다 2010년 몬트리올에서 '시티즌스 이니셔티브Citizen's Initiative'

라는 단체를 통해 시가 생산하는 모든 문서를 가공할 수 있는 형태로 홈페이지에 공개하도록 요구하는 운동을 했다. 이곳에서 '공공데이터의 힘과 의미'에 공감하는 동료들을 만났고 이들과 함께 2011년 오픈노스를 세웠다.

Q. 캐나다 정치에서 당신이 우려하는 점은 무엇인가.

A. 사실과 증거에 기반한 정책 활동이 점점 어려워지는 환경으로 바뀌고 있다. 지난 10년 동안 캐나다에서는 산업폐기물이 호수에 미치는 영향을 조사하는 연구기관을 비롯해 여러 사회과학연구소들이 문을 닫았다.

더욱 심각한 건, 국가가 정기적으로 실시하는 인구센서스 조사가 2012년부터 의무가 아닌 자율로 바뀌었다는 점이다. 이렇게 되면 국가의 사회경제적 경향성을 파악하기 힘들어진다. 의무가 아닌 자율 조사에서는 사회경제적 지위가 낮을수록, 이민자일수록 응답률이 떨어지게 마련이다. 사회적 약자와 관련한 통계자료를 확보하기 더욱 어려워지는 셈이다. 이는 결국 국가가 빈곤을 완화하기 위해 제대로 된 정책을 구현할 수 없음을 의미한다. 이번에 집권한 정부가 다시 센서스를 의무화했지만, 전반적으로 '증거 기반 정책 마련'의 토대가 사라지고 있어 우려스럽다.

Q. 오픈노스가 향후 5년을 바라보고 세운 계획이 있나.

A. 오픈노스는 지속적으로 '투명한 정부'를 위한 공공데이터 확대를 추구할 것이다. 행정관료들 사이에서는 여전히 공공데이터가 지니는 가치

에 대한 의문이 존재한다. 또한 공공데이터로 전환하는 과정을 귀찮아한다. 정부의 모든 데이터를 공공데이터화하려면 운동 방식에도 방법적 전환이 필요하다고 본다.

무작정 데이터를 내놓으라고 하는 것이 아니라, 정부 스스로 이 데이터를 활용하도록 한다면 그들도 자체적으로 공공데이터의 필요성을 느낄 수 있지 않을까 생각한다. '제대로 하지 못한다'는 네거티브 캠페인을 하기보다 시티즌 버젯 같은 프로그램을 통해 정부가 예산안을 짜는 데 도움을 주면서 '이러한 개방이 중요하고 쓸모 있다'고 설득하는 작업을 벌이려 한다.

Q. 제임스 매키니 개인의 향후 계획은 뭔가.

A. 당분간은 오픈노스를 떠나 '오픈코퍼레이트Open Corporate'에서 일할 계획이다. 오픈코퍼레이트는 전 세계 기업의 정보를 모아 기업 정보에 대한 접근성과 투명성을 높이기 위해 만들어진 단체다. 기업 형태가 자회사, 형제회사 등으로 복잡하고 글로벌 기업들의 경우 교역하는 국가와 거래량이 엄청나기 때문에 자료가 워낙 방대해 기업 정보가 제대로 파악되지 않는 경우가 많다. 이것을 일관된 형태로 재가공한다면 언론인, 연구자, 시민단체 등에 유용한 자료가 될 것이다.

* 이 인터뷰는 2016년 3월 28일자 『한겨레21』에 '와글이 만난 몽상가들 ―'공공데이터'는 민주주의로 가는 지름길'이라는 제목으로 실린 기사를 편집한 것입니다.

 좋아요   댓글달기   공유하기

5장 | **당신도 국회의원**
**　　　—시민입법권** 　　　　　　　🔍

세월호 참사 이후 600만 명이 특별법 발의를 요구하는 서명을 했습니다. 그러나 이 서명은 법적 구속력이 없는 단순 청원이었죠. 반면 핀란드와 에스토니아에서는 시민들이 직접 법안발의에 참여할 수 있습니다. 선출된 정치인이 민의를 제대로 반영하지 못하는 대의제의 약점을 시민의 권한을 높이는 것으로 보완하는 셈이지요. 시민들의 요구를 국회에 직접 제출해 논의하게 하는 시민발의 제도가 우리에게도 있었다면, 세월호 문제를 처리하는 과정이 조금은 달라지지 않았을까요?

> ### 동생은 세상을 떠났지만, 이대로 끝낼 순 없어요   ∨

핀란드에서 사는 한나에게 2012년 5월 2일은 영원히 잊을 수 없는 날입니다. 당시 열여섯 살이던 한나는 열한 살 여동생 마틀레나와 자전거를 타고 집으로 돌아오고 있었습니다. 갑자기 내리기 시작한 비 때문에 앞이 잘 보이지 않았지만 늘 다니던 길이어서 소녀들은 평상시처럼 페달을 밟았습니다. 그러나 집까지 불과 200미터를 남겨둔 때, 끔찍한 불행이 두 소녀를 덮쳤습니다. 음주운전 차량이 이들이 탄 자전거를 들이받은 것입니다. 자매는 급히 병원으로 옮겨졌지만, 마틀레나는 이튿날 끝내 세상을 떠나고 맙니다. 한나는 3년이 지난 지금도 후유증으로 고통받고 있습니다.

사고를 낸 운전자인 쉰세 살 여성은 음주운전 혐의로 체포되었습니다. 당시 혈중알콜 농도는 0.258%였습니다(한국의 경우 0.1% 이상 면허취소). 1심 재판에서 이 여성은 음주운전 및 과실치사로 징역 2년 7개월을 선고받았습니다. 그런데 이듬해 8월, 항소심에서 가해자의 형량을 5개월 삭감한다는 판결이 나왔습니다. 감형 이유는 "운전을 한 거리가 짧다"는 것이었습니다. 어떤 처벌로도 소중한 딸을 되살릴 수 없다는 걸 알지만, 마틀레나의 부모는 재판부의 판결을 도저히 받아들일 수가 없었습니다. 이 사건은 핀란드 사회에서 큰 논란을 일으켰습니다.

한국에서 통상 이런 일이 벌어지면 빠르게 소식이 확산되고 언론과 온라인 공간을 중심으로 사람들의 분노가 터져나옵니다. 항의와 캠페인이 벌어지기도 합니다. 그러나 얼마 지나지 않아 별다른 변화 없이 이내 잊히고 맙니다. 하지만 마틀레나 사건에 대해 핀란드에서는 조금 다른 움직임이 벌어졌습니다.

재판부의 부당한 판결에 항의하기 위해, 마틀레나의 부모는 '오픈미니스트리Open Ministry'라는 웹사이트를 통해 음주운전 교통사고 가해자를 더 강력히 처벌하도록 법을 개정하자고 제안합니다. 이 제안은 일주일 만에 1만 명의 지지 서명을 받았습니다. 그로부터 몇 달 뒤인 2014년 1월 말에는 마틀레나의 언니 하나가 자신과 동생의 사연을 페이스북에 올렸고, 이것이 큰 호응을 얻으며 이틀 만에 3만 명의 추가 서명을 얻었습니다.

이 제안은 최종적으로 6만 2000여 명의 지지 서명을 받아 핀란드 국회에 회부되었습니다. 논의 결과 채택된 의회의 권고안에는 혈중알코올 농도 기준 강화, 음주운전 전과자에 대한 알코올록(자동차 시동을 걸 때 음주 여부를 측정하는 장치)을 확대 적용해야 한다는 의견이 담겼습니다. 어떻게 이런 결과를 얻어낼 수 있었을까요?

시민의 의견을 법률로 만듭니다

핀란드에서는 지난 2012년 3월 '칸살라이스 알로이테Kansalais Aloite', 즉 국회에 대한 시민발의제도가 포함된 신 헌법개정안이 발효되었습니다. 시민발의제도의 핵심은, 총리와 장관 등 국무위원이나 국회의원이 아닌 일반 국민들이 입법발의를 할 수 있다는 것입니다. 구체적으로는, 시민이 작성한 법안이나 제안이 6개월 내에 5만 명(유권자의 1.2%)의 지지 서명과 함께 국회에 제출되면 정기회의에 자동 회부되어 토론과 표결에 부쳐집니다.

당시 핀란드 정부는 헌법 발효에 앞서 온라인으로도 발안과 서명이 가능한 웹사이트를 준비하겠다고 밝혔지만, 법안에서 그 방법에 관한 구체적인 사항을 명시하지 않았기 때문에 기술 개발이 미진하다는 핑계로 이 작업은 계속 늦춰졌습니다. 헌법 개정으로 시민들이 직접 입법 과정에 참여할 수 있는 가능성이 열렸지만, 그 중요성을 가볍게 보고 미온적인 태도를 보인 것이죠.

이러한 상황에 문제를 느낀 사람이 있었으니, 바로 소프트웨어 개발자이자 스타트업 사업가였던 요나스 페카넨Joonas Pekkanen입니다. 온라인을 통한 시민발의를 가능하게 하겠다는 정부의 약속이 차일피일 미뤄지는 상황을 보다 못한 나머지 직접 문제를 해결하려고 나선 것입니다. 요나스 페카넨은 2012년 3월 '오픈미니스트리'라는 웹사이트를 시민들에게 공개하고 법률가, 학자 등 전문가들과 함께 이 웹사이트를 관리해나갑니다.

오픈미니스트리가 생긴 지 얼마 지나지 않아 생긴 논란 가운데 하나는 정부의 공식 웹사이트가 아닌 '사설' 웹사이트의 서명을 인정할 수 있느냐 하는 점이었습니다. 하지만 은행과 개인정보취급사 들이 개인 인증과 관련된 문제를 무료로 해결해주겠다고 나서면서, 웹사이트가 오픈된 지 8개월 만에 오픈미니스트리에서의 서명이 법적 효력을 가지는 것으로 공식 인정되었습니다.[1] 이로써 오픈미니스트리는 핀란드 최초의 온라인 시민발의 웹사이트가 되었습니다. 페카넨은 이후 언론과의 인터뷰에서 오픈미니스트리의 의미를 다음과 같이 평가했습니다.

"흔히 시민들을 두고 세상 모든 것에 대해 불평만 늘어놓는다고 하죠. 그러나 오픈미니스트리를 통해 불평불만만 일삼는 데서 벗어나 뭔가를 해낼 방법이 생겼습니다. 훨씬 생산적인 방법으로요."[2]

오픈미니스트리를 만들어 핀란드의 시민발의제도를 성공적으로 정착시킨 요나스 페카넨. ⓒD-Cent

오픈미니스트리는 입법발의에 필요한 온라인 서명을 받는 것이상의 의미를 지니고 있습니다. 서명 제출 전에 정보 공유와 법안 초안 수정까지 가능한 오픈미니스트리는, 한마디로 입법의 전 과정이 시민들의 손에서 이루어지는 '원스톱 플랫폼'입니다. 마치 온라인상의 작은 국회와도 같은 이곳에서 시민들은 핀란드 헌법이 보장한 대로 법률 또는 의견을 제안하고, 발의에 필요한 서명을 진행할 수 있습니다.

정부가 공식적으로 운영하는 시민발의 사이트를 공개하기 전인 2012년 12월 1일까지, 오픈미니스트리를 통해 제안된 법률 가운데 마틀레나 케이스를 포함한 다섯 건이 5만 명 이상의 지지를 얻어 국회에 회부되었고, 이중 한 건(결혼법 개정안)이 통과되었습니다.

오픈미니스트리가 갖는 의의는 다음과 같습니다. 우선, 정부가 뒷받침하지 못하는 기술적 문제를 시민들이 주도해 해결했다는 점입니다. 현재 핀란드 정부의 시민발의 웹사이트에서 사용중인 개인 인증 기술은 오픈미니스트리가 사실상 최초로 도입했고, 정부는 그것을 고스란히 본떠서 공식 웹사이트에 적용했습니다. 참여도 면에서 오픈미니스트리가 정부의 공식 웹사이트보다 오히려 진일보했다는 점도 빼놓을 수 없습니다. 앞서 설명한 대로 오픈미니스트리에는 정부 웹사이트에는 없는 댓글을 통한 토론 기능, 법안 수정 제안 기능이 있습니다.

두번째로, 오픈미니스트리는 핀란드 국민들의 적극적인 관심과 참여를 이끌어냄으로써 시민발의제도를 성공적으로 정착시켰습니다. 시민발의제도가 기성정치권이 찾아내지 못하는 '숨은 의제Hidden Agenda'를 발굴하는 촉매 역할을 한 것이지요. 요즘은 핀란드 정치인들이 오히려 이 제도를 통해 시민들의 지지를 얻어 법안을 추진하는 경우도 있다고 하니, 핀란드에서 입법은 이제 더이상 국회의원의 독점 권한이 아니라고 할 수 있습니다.

숨은 온라인 강국, 에스토니아를 아십니까?　　　∨

이번에는 정치제도 전반을 시민의 힘으로 개혁한 사례를 살펴보려고 합니다. 바로 에스토니아입니다. 에스토니아는 앞서 살펴본 핀란드와 발트 해를 사이에 두고 마주한 나라로, 남한의 절반만한 영토에 대략 대전의 인구와 비슷한 130만 명 정도가 삽니다. 소련의 위성국가였다가 1990년 독립해 2004년에 유럽연합 회원국이 되었지요.

　에스토니아는 세계적인 정보화 수준을 자랑하는 나라 중 한 곳입니다. 온라인 화상통화 프로그램으로 잘 알려진 스카이프Skype의 본사가 있는 곳이 바로 에스토니아의 수도 탈린입니다.

　에스토니아 IT기술산업의 성장은 우연이 아닙니다. 1998년 모든 학교 교실에 컴퓨터와 인터넷을 보급했고, 2000년에는 인터넷 접속을 국민의 정보기본권으로 규정해[3] 전국에 인터넷 통신망이

깔렸습니다. 이를 바탕으로 에스토니아 정부는 2007년 총선에 전자투표를 부분적으로 도입했고,[4] 2015년 초에는 국적에 관계없이 전 세계인을 대상으로 '전자시민권'을 발급하고 이들에게 자국 내 금융거래를 허용한다는 혁신적인 디지털 금융제도안을 발표하기도 했습니다.[5]

이러한 에스토니아에서 2012년 5월, 집권 여당 정치인들의 선거자금 세탁 스캔들이 불거집니다. 불법적으로 돈을 제공받아 정당 예산으로 편입한 혐의로 수사선상에 오른 정치인들은 "받긴 했지만 누가 줬는지 모른다" "장모님 돈을 빌렸을 뿐이다" 같은 거짓말로 일관했습니다. 검찰은 증거불충분을 이유로 해당 정치인들에 대한 제대로 된 처벌 없이 사건을 종결하려는 듯했습니다.

그러나 이 결과에 국민들의 분노가 폭발했고, 전국적으로 시위가 벌어지기 시작했습니다. 같은 해 11월 14일에는 역사학자, 작가를 비롯한 저명인사들이 부패한 정치인을 비판하며 정치개혁을 촉구하는 '12헌장'을 발표했고, 순식간에 1만 7000명이 넘는 시민이 이를 지지하는 온라인 서명에 참여했습니다. 상황의 심각성을 인지한 에스토니아 대통령 토마스 헨드릭 일베스Toomas Hendrik Ilves는 12헌장운동에 대처하기 위해 특별 회의를 소집합니다. 정치인과 법률가는 물론 시민단체 인사들이 참여한 이 회의에서 긴 논의를 거쳐 정당법 및 선거법 개정이 결의되었지요.

주목할 만한 점은, IT강국답게 이 정치관계법 개정 작업을 모든 시민들이 참여하는 크라우드소싱 방식으로 진행했다는 사실입니다. 이 작업은 '라흐바코구^{Rahvakogu}', 우리말로 '민회^{民會}'라는 특별 기구를 통해 이루어졌습니다.

우선 시민들은 라흐바코구 웹사이트를 통해 정치개혁과 관련된 의견을 자유롭게 개진했습니다. 14주 동안 3000여 명의 시민들이 의견을 내놓았는데, 5000개가 넘는 제안을 정리하는 과정에는 유어프라이어리티^{Your Priorities}라는 온라인 플랫폼을 활용했습니다. 정리된 것들을 유사한 주제별로 묶어 15개의 정치제도 개혁안이 대통령의 재가를 거쳐 국회에 회부되었고, 최종적으로 7개 법안으로 다듬어져 통과되었습니다. 이렇게 탄생한 개혁법안 가운데 대표적인 것을 꼽자면 ① 시민발의의 제도화, ② (정당보조금 지급 기준을 완화해) 당원 수 500명 이상의 모든 정당에 보조금 지급 결정, ③ 선거 입후보시 예치금 50% 인하 등이 있습니다.[6]

2013년 4월 6일 열린 라흐바코구. 지역과 성별, 연령을 아울러 고루 뽑힌 시민들 500명이 모여 웹사이트를 통해 수집된 제안들에 대해 논의했다. 국회는 이 논의 내용을 토대로 제안들 사이의 우선순위를 조정했다. ©Citizens Foundation

에스토니아의 시민 주도 정치개혁은 이제 첫발을 내디뎠지만, 전망은 아주 밝습니다. 유럽연합 집행위원회 산하의 공공행정자료 아카이브인 조인업Joinup에서는 라흐바코구운동을 다음과 같이 평가했습니다.

"라흐바코구를 통해 시민들은 자신들의 제안이 국회에서 직접 논의될 수 있다는 가능성을 확인했다. 중요한 것은 이를 통해 참여민주주의가 보편화되었다는 사실이다. 에스토니아 국회와 정부는 의제 설정의 독점적 권한을 내려놓고 그 권한을 시민들에게 개방해나가고 있다."[7]

※ 오픈미니스트리를 조사하는 과정에서 큰 도움을 주신 핀란드 탐페레 대학 정치학 박사과정 서현수님께 특별히 감사를 드립니다.

6장　　民주주의에 알파고는 없다　　　　　　🔍
　　　－성찰과 연대의 힘

영국 에버딘 대학 사회학과의 크리스티나 플레셔 포미나야 교수는 국제학술지 『사회운동연구Social Movement Studies』의 부편집장으로, 스페인의 15M운동과 아이슬란드 반긴축운동 등 최근 유럽의 사회운동 동향과 시민참여에 대해 연구해왔습니다. 그녀는 지난 2015년 12월 2일 와글의 초청으로 공개포럼 〈오픈소스 정치의 개막: 99%의 지혜와 1%의 상상력〉에 참석해, '디지털기술과 민주주의'에 대해 강연했습니다. 플레셔 포미나야 교수는, 디지털기술이 민주적 참여 가능성을 높인 것은 사실이지만 이것으로 민주주의에 대한 기술의 역할을 과대해석하면 안 된다는 점을 강조했습니다. 기술은 불평등과 권력독점의 문제를 단박에 해결하는 '알파고'가 아니며, 보다 중요한 것은 시민들 사이의 면대면 접촉에 기반한 신뢰와 연대라는 것이지요. 그의 강연 초록을 소개합니다.

기술결정론과 우리의 과제   ⌄

초대해주셔서 감사합니다. 최근 한국에서 (국정교과서 문제와 관련해) 시민의 민주적 권리를 보호하고 확장하기 위한 대규모 저항이 일어나고 있다는 걸 알고 있습니다. 시민행동에 참여하고 계신 모든 분들께 가슴 깊이 연대의 인사를 전합니다.

오늘 우리는 디지털 도구와 민주주의에 대해 이야기하려고 모였습니다. 하지만 온라인상에서 우리가 어떤 활동을 하든, 변화를 만들어야 하는 곳은 실제로 우리가 살아가는 물리적인 세계의 삶이라는 점을 기억해야 합니다. 온라인상의 모든 활동은, 지금까지 용감한 다수의 사람들이 더 나은 세상을 만들기 위해서 펼쳐왔던 다양한 형태의 저항운동과 연결되어 있지요.

디지털미디어가 발전하면서, 많은 사람들은 그러한 도구들이 시민참여를 촉진시키고, 권력을 비판하고 권력에 대항하는 자생적이고 민주적인 공간들을 발전시키는 데 주요한 역할을 할 것이라고 보았습니다. 이 강력한 민주주의적 상상은 활동가들로 하여금 대중매체의 독점체제를 깨기 위해 대안적인 미디어를 만들고, 새로운 참여형 소프트웨어 앱을 개발하고, 더 많은 대중에게 다가가 정치 커뮤니티를 발전시킬 수 있게끔 새로운 형태의 소통구조를 열도록 독려했습니다. 뉴미디어와 인터넷이 집단행동과 저항, 그리고 참여의 가능성을 넓혀왔다는 점에는 누구도 이견이 없을 것입니다.

하지만 새로운 가능성을 여는 모든 것들은 새로운 도전 과제를 불러오기 마련입니다. 그래서 오늘 저는, 디지털민주주의의 상상을 실현하려고 할 때 우리가 당면하는 문제들 중 몇 가지에 초점을 맞춰 좀더 심층적인 논의를 해볼까 합니다.

강렬하고 급진적인 민주주의적 상상이 부딪히는 첫번째 난관은, 이른바 '민주주의의 빛democracy light'이라고 불리는 대안적 모델의 문제입니다. 이 모델에서, 개인은 여러 가지 가능한 정치적 옵션들 가운데 원하는 것을 자유롭게 선택하는 정치 소비자로 규정됩니다. 이 모델은 전자탄원서나 전자투표와 같이 디지털 도구에 의한 정치를 지지하지만 리버럴한 대의민주주의의 근본적인 논리나 구조는 건드리지 않고 내버려둡니다. 이 '리버럴 정치소비자 모델'은 집단행동과 연대에 기반한 민주주의의 비전을 갖고 있지 않으며, 그 과정이 의미 있는 참여 메커니즘을 가지고 있는가에 대해서도 깊이 고민하지 않습니다. 현상의 근본적인 문제에 질문을 던지지는 않는 것이죠. 따라서 우리가 디지털민주주의에 대해 생각할 때 첫번째로 성찰해야 하는 것은, 디지털로 가능한 민주주의digitally enabled democracy 중에서 우리가 진짜 열망하는 민주주의는 무엇일까 하는 점입니다.

그런데 우리가 열망하는 모델이 어떤 것이든 간에, 그 열망을 발목 잡는 잘못된 가정들이 있습니다. 그중 하나는 인터넷이 원천적으로 민주적 속성을 가지고 있다고 믿는 것이며, 다른 하나는 인터넷이 자율적으로 움직이는 중립적인 공간이라고 가정하는 경향입니다. 이것이 두번째 난관입니다. 사실 이 가정들은 둘 다 틀렸습니다. 인터넷은 근본적으로 민주적이거나 참여적인 속성을 가진 것이 아니며 중립적이거나 자율적이지도 않습니다. 다시 말해 우리는 단순히 인터넷을 그 도구 자체에 맡겨두어선 안 되고, 그것이 저절로 진보적인 참여를 만들어내는 동력이 될 거라고 기대해서도 안 되며, 인터넷이 역사적, 사회적, 정치적, 문화적 맥락과 무관하게 자율적으로 형성된 공간이라는 통념에 사로잡혀서도 안 됩니다.

오늘날 활동가들과 연구자들은 과거보다는 기술결정론에 훨씬 덜 기대는 것처럼 보입니다만, 지금도 여전히 기술의 힘을 과대평가하거나 기술에 과도한 사회적 의미를 부여하는 경향이 있습니다. 우리는 온라인과 오프라인이 어떻게 상호작용하는지에 대해 주의깊게 관찰하고 두 세계를 조심스럽게 구분해서 봐야 합니다.

한 가지 예를 들겠습니다. 한때 트위터가 시민운동을 결집시키는 매개나 사회운동의 상징으로 여겨진 적이 있습니다. 스페인의 15M운동 혹은 그 시초를 이루었던 "진짜 민주주의는 지금부터 iDemocracia Real YA!"의 집단행동이 트위터에서 처음 시작되었다는 의견들도 있지요. 이러한 의견들은 트위터를 하나의 운동 공간으로 보거나 운동에 대한 지지를 측정할 수 있는 바로미터로 보기도 합니다. 그러나 당시 스페인의 인터넷 이용자는 전체 인구의 15%, 트위터 이용자는 4.3%밖에 되지 않았습니다.

15M운동이 수많은 대중의 지지를 받은 것도 사실이고, 운동이

시작된 지 1년이 채 안 되어 전체 인구의 80%가 이 운동을 지지하게 된 것도 사실입니다. 하지만 그런 성공을 트위터 덕분이라고 보는 시각은 문제가 있습니다. 트위터상에서 15M운동이 '상위 토픽'이 되었을 때조차, 실제 언론에 실릴 정도의 거리 시위는 일어나지 않습니다. 소셜미디어로 집단행동을 촉구한 것이 무위無爲로 끝난 경우도 종종 있습니다. 오프라인 활동을 위한 온라인상의 움직임을 과대평가하거나 단순히 성공적인 온라인 사례들만 선택해 분석하는 것으론 소셜미디어와 실제 운동 사이의 정확한 관계를 포착해낼 수 없습니다.

 제가 이 운동에 대해 연구하면서 발견한 것은, 온라인상의 정치적인 커뮤니케이션이 정기적으로 대면 모임을 하는 오프라인 네

'디지털기술과 민주주의'에 대해 강연하는 플레셔 포미나야 교수. ©WAGL

트워크와 깊이 연계를 맺고 상호작용했다는 사실이었습니다. 스페인 15M운동에서 트위터 캠페인은, 어떤 운동그룹이 다른 운동그룹에게 트윗을 퍼뜨려달라고 요청하거나 언제 어떻게 메시지를 올릴지 조정하고 협의하는 상황에서 집단적 논쟁과 합의를 거치며 발전했습니다. 온라인과 오프라인 커뮤니케이션이 상호 조응하며 발전한 것이지요.

디지털미디어는 시민운동의 취지를 반복해 전하고 증폭시키는 역할은 할 수 있지만 신뢰와 연대, 상호호혜의 집단행동 네트워크를 대체할 수는 없습니다. 신뢰, 연대, 상호호혜에 기반한 집단적 행동의 네트워크들, 그리고 이를 만들어내는 민주적인 참여가 운동의 연료가 되는 것이지 그 반대가 아닙니다. 소셜미디어는 중요한 도구임이 분명하지만, 정치적 사회적 변화를 위해 활동가들이 사용하는 다양한 운동 양식과 커뮤니케이션 도구 중 하나일 뿐입니다.

소셜미디어 혹은 기술이 우리에게 '더 나은 참여'와 같은 특별한 결과물을 가져다주리라고 가정할 때, 우리는 사회적 관계, 네트워크, 권력 관계라는 기반 위에서 이 기술이 사용된다는 사실을 잊게 됩니다. 결국 기술에 대한 경계심을 잃고 여기에 대해 성찰하지 않는 것이죠. 성찰을 그만두는 순간이 빨리 올수록, 우리가 꿈꾸는 이상을 위해 우리의 행동과 실천 들을 바꾸어내기는 더욱 어려워질 것입니다.

우리는 우리의 정치적 과업을 기술이 수행해주기를 바라는 우를 범하곤 합니다. 그렇게 해선 아무것도 바꿀 수 없습니다. 기술은 본래 진보적인 것이 아니며, 특별한 어젠다에 적합하게끔 맞추어진 것도 아닙니다. 기술은 새로운 가능성을 열 수는 있지만, 그 기저에 있는 사회적 관계가 변화하지 않으면 그 잠재력을 발휘할 수 없습니다.

예를 하나 들어보죠. 10년 전쯤, 저는 참여적 민주주의를 위해 사회정의 문제를 다루는 유럽의 다국적 모임에 속해 연구를 진행한 적이 있습니다. 이 집단은 매주 오프라인 모임을 가졌고 먼 곳에 사는 사람을 위해, 그리고 다음 모임까지 논의를 이어가기 위해 이메일을 이용했습니다. 의사결정은 오프라인 모임에서만 독립적으로 이루어졌습니다. 저는 오프라인 모임과 이메일 교환에 모두 참여했죠. 이 조직에서 전 뭔가 매우 흥미로운 부분을 발견했습니다. 이메일 교환이 오프라인 모임에서의 권력불균형을 재생산할 뿐 아니라 심지어 강화하고 있다는 사실이었습니다. 그것은 젠더 문제와 관련이 있었습니다.

남성들은 메일을 더 많이, 더 길게 보냈을 뿐만 아니라 이메일을 통해 일방적으로 결정을 내리려고 했습니다. 결정은 반드시 오프라인 모임에서 이루어져야 한다는 규정이 있는데, 이 규정을 무시한 월권 행위가 이루어진 겁니다. 그룹 내 구성원들을 인터뷰하면서 저는 왜 몇몇 사람들이 이메일 교환에 참여하지 않았는지, 그리고 이에 대해 어떻게 느꼈는지를 연구했습니다. 그리고 저는 이메일 교환 방식 역시 실제 사회에서 일어나는 상호작용, 즉 젠

더화된 방식에 의해 형성되었다는 것을 알게 되었습니다. 즉 여성들은 상호작용에 덜 참여했을 뿐 아니라 이메일을 통한 토론에서 소외되었다고 느끼는 경향이 강했습니다.

이것은 우리에게 중요한 깨달음을 줍니다. 만약 우리가 자유롭고 공평하게 참여하는 민주주의를 비전으로 삼고, 온라인을 균등한 기회를 가진 중립적이고 자치적인 장으로 생각한다면, 그게 이메일이든 포럼이든 모든 사람들이 이 공간에 접근할 수 있도록 해야 합니다. 자유방임적인 접근을 허용하면서요. 온라인상에서 모욕적인 언행이나 혐오 발언을 하지 말자는 등의 몇 가지 기본적인 규약들을 만드는 것도 고려해야 합니다.

우리는 정보통신기술과 디지털미디어 사용이 우리의 문화적인 패턴을 반영한다는 사실을 깨달을 필요가 있습니다. 젠더 불평등이나 남성주의 같은 것들 말이죠. 온라인에서 우리는 농담이나 모욕적인 말들을 통해 다양한 방식으로 젠더 불평등을 강화하고 남성적인 것들을 우위에 둡니다. UN에서 발행한 보고서를 비롯해 많은 연구들에 따르면, 여성들은 온라인상에서 악의적인 괴롭힘이나 사이버 폭력의 피해를 입습니다. 이런 문제가 다시 여성들의 온라인 참여를 저조하게 만들고요. UN은 온라인상에서 벌어지는 공격적이고 폄하하는 발언들의 95%가 여성들을 향해 있다고 추산했습니다.

온라인상에서 페미니스트적인 관점을 드러내거나, 평등에 대해 더 많은 이야기를 하는 여성들은 폭력의 위협에 더 많이 노출

됩니다. 온라인상에서 남성 우월성은 심지어 평등을 지향하는 조직 안에서 훨씬 더 미묘하고 복잡하게 드러납니다. 직접적이고 권위적인 어투로 글을 쓰는 것처럼 말이죠. 따라서 이론상 디지털미디어는 모두에게 열려 있으며 평등한 것처럼 보이지만, 실질적으로 사용되는 방식에서는 권력 관계나 문화적 패턴이 결정적으로 영향을 미칩니다.

인터넷이 자유롭고 평등한 상호교환의 장이라는 사이버 이상주의는, 실제로 온라인상에서 어떻게 불평등이 확대 재생산되는지에 대한 증거들을 살펴보며 좀 분별할 필요가 있습니다. 때문에 온라인상의 정치참여에 대한 연구에서도 더욱 주의를 기울여야 합니다.

그렇다면 우리가 온라인 참여의 패턴에 대해 알아보려 할 때 던져야 할 질문은 무엇일까요? "여기에 참여하는 사람은 누구이며, 참여하지 않는 사람은 누구인가?" "누가 지배적 위치를 차지하고 있는가?" 활동가들은 이러한 문제들에 대해 인지하고 있지만 해결 방법을 찾는 데에는 어려움을 느끼고 있습니다. 이 문제를 푸는 하나의 전략은 아주 명확한 규약을 만드는 것이지만 이런 규약을 만드는 것 못지않게 중요한 것은, 뿌리깊은 일상의 불평등구조를 바꾸기 위한 정치적 사명과 성찰입니다. 예를 들어 정당들이 이러한 온라인 도구를 만들고 최대한 많은 사람들이 참여할 수 있도록 개방하려고 할 때―이를테면 선거인 명부electoral list나 성명서, 당내 강령을 작성할 때도―깊은 성찰과 주의가 필요합니다.

　스페인에서 포데모스는 토론, 제안, 그리고 내부 투표를 위해 서로 다른 디지털 도구들을 사용해왔습니다. 민주적인 참여의 양과 질의 증가에 전념하자는 의지를 공유하고 있음에도, 이들은 다양한 투표 방식과 합의 메커니즘 각각의 장단점에 대해서 서로 다른 견해를 가지고 무수한 논쟁을 전개해왔습니다. 이러한 토론을 통해 우리가 알 수 있는 사실은, 모든 사안에 있어 완벽한 방식이나 디자인을 갖춘 도구는 없다는 점입니다. 어떤 메커니즘을 가진 도구든, 지속적으로 많은 질문을 던지고 비판적으로 보며 수정해 나가는 것이 중요합니다. 그들이 실제로 공동의 정치적 목표를 위해 일하고 있는 것인지 끊임없이 되묻기 위해서 말이죠.

　우리는 말과 실천 사이의 괴리에 대해서도 비판적으로 검토해

플레셔 포미나야 교수가 강연 후 참가자들과 자유롭게 의견을 나누고 있다. ⓒWAGL

보아야 합니다. 특히 참여민주주의에 헌신하겠다고 외치는 조직 내부에서는 이 문제가 더욱 중요합니다. 이탈리아의 오성운동 사례는, 수평적이고 자발적인 디지털 담론들이 외려 당내에서는 중앙집권적이고 권위적인 행위를 촉진하고 합리화하는 데 쓰일 수도 있다는 점을 보여줍니다. 기술유토피아적 관점이 오히려 위계적인 정치구조를 합리화하는 데 이용될 수 있다는 것, 그리고 현재의 구조를 변화시키지 못하고 단순히 정치적인 마케팅의 일환으로 사용될 수 있다는 사실에 대해 우리는 항상 경계해야 합니다.

다시 한번 강조하고 싶은 점은, 우리는 권력에 대해 성찰하는 것을 멈춰선 안 된다는 것입니다. 권력이 어디서 어떻게 작동하고 제도화하는지, 어떻게 온오프라인 참여를 만들어내는지에 대해 계속 성찰해야 합니다. 디지털로 가능한, 보다 더 민주적인 미래가 우리를 기다리고 있습니다. 그 가능성을 현실로 만들기 위해서 우리는 더욱더 경계하고 성찰해야 할 것입니다.

감사의 말

이 책에 실린 해외 시민정치 사례는, 2015년 9월부터 12월까지 3개월간 다음카카오 스토리펀딩에 '듣도 보도 못한 정치'라는 제목으로 연재했던 글을 기초로 했습니다. 정치를 주제로 한 스토리펀딩이 과연 성공할 수 있을까 염려하던 것도 잠시, 따뜻한 격려와 공감의 메시지들과 함께, 놀랍게도 모금 목표액의 168%가 모였습니다. 이 책이 가능하도록 도와주신 스토리펀딩의 390명 후원자분들께 깊이 고개 숙여 고마운 마음을 전합니다. 할 수만 있다면 한 분 한 분 찾아뵙고 감사의 인사와 함께 직접 책을 전해드리고픈 심정입니다. 스토리펀딩에 게재되었던 내용을 대폭 보강하고 업데이트하느라 출간이 예상보다 늦어졌습니다. 오랫동안 기다리시게 해서 송구합니다. 여기 실린 해외 사례들을 참고로 더 나은 우리의 사례를 만드는 일에 함께해주실 것을 기대합니다.

스토리펀딩에 이런 낯선 주제의 글을 싣도록 허락해주신 다음 카카오 김귀현 팀장님과 매주 잔손질 많이 가는 편집과 게재를 담당해주신 임석빈PD님께도 감사의 마음을 전합니다. 인터넷기술 기반의 시민참여정치를 소개하는 와글의 기획에, 크라우드펀딩 방식으로 콘텐츠 제작을 지원하는 스토리펀딩은 최적의 매체였습니다. 단순한 파트너 이상으로 신뢰를 나누는 동료가 되어주셔서 함께 일하는 동안 즐거웠습니다.

처음 이런 일을 하자고 했을 때 흔쾌히 따라준 와글 동료들, 그때는 아마 이게 얼마나 '징한 일'이 될지 꿈에도 몰랐을 겁니다. 2015년 9월부터 12월 말까지 밤샘을 밥먹듯이 하면서 주말도 없이 애써준 와글 친구들이 없었다면 이 책은 엄두도 낼 수 없었겠지요.

변변한 국내 학술자료나 심층취재가 거의 없는데다가 그나마도 부정확하거나 단편적인 단신뿐이어서, 온갖 언어로 된 1차 자료를 찾아내 천 갈래 만 갈래의 퍼즐을 맞추듯 애써야 했습니다. 영어로 된 학술논문과 기사, 관련 사이트 정보는 기본이었고, 중국어, 스페인어, 카탈로니아어, 이탈리아어, 핀란드어, 아이슬란드어, 에스토니아어까지 구글번역기를 사용해가며 각국의 역사와 정치, 경제상황을 공부했습니다. 그들의 정치 실험은 어떤 목적에서 나온 것인지, 우리는 그것을 어떻게 평가해야 할지 궁리하며, 우리 시대의 민주주의에 대해서 깊은 고민을 나누는 시간이었습니다.

뒤엉킨 실타래 같은 정보들 속에서 우리가 취해야 할 핵심 포인트를 뽑아내는 데 날카로운 직관을 발휘해준 천영환님, 자칫 지루하고 복잡해질 수 있는 이야기를 재치 넘치는 콘티와 유쾌발랄한 그림으로 재해석해준 주신애님, 이름을 드러내지 않은 채 방대한 자료를 섭렵하고 입체적으로 분석해서 연구의 질을 한 단계 높여주었던 서정규님, 특히 빈틈없는 팩트 체크와 업데이트로 꼼꼼한 마무리 작업을 해준 이여경님과 리서치 작업의 원점에서부터 마지막 교정 작업까지 탁월한 기획능력과 번개 같은 글솜씨로 리서치팀을 이끌어준 김정현님이 이 책의 공동저자들입니다. 젊고 유능하고 도전적인 와글의 동료들과 함께 고민하고 토론하던 벅찬 설렘의 시간을 오래도록 소중하게 기억할 겁니다.

책 만드는 일이 단순히 교정, 교열 보는 일이 아님을 깨닫게 해준 문학동네 식구들께도 깊이 감사드립니다. 다양한 해외 사례를 관통하는 일관된 맥락과 시사점을 명확히 할 수 있도록 원고를 재구성하고 기획해주신 김소영 부장님과 박영신 부장님, 놀라운 집중력과 통찰력으로 전체 원고에 생동감을 불어넣어주신 편집 담당자 황은주님, 그리고 산뜻하고 신선한 디자인으로 '미래세대를 위한 정치'의 개념을 정확히 표현해주신 디자이너 이효진 대리님, 고맙습니다. 최고의 파트너들과 일할 수 있어서 영광이었습니다.

눈코 뜰 새 없이 바쁜 와중에도 원고를 꼼꼼히 읽어주시고 감동적인 추천사를 써주신 연세대 김호기 교수님과 김영하 작가님께도 감사의 말씀 올립니다. 현대 사상사와 정치철학을 꿰뚫는 혜안으로 21세기 직접민주주의의 의미를 일깨워주신 김호기 교수님, 진짜 정치는 황량한 모래벌판 위의 여의도 1번지가 아니라 직접 발언하고 행동하는 보통 사람들의 저잣거리에서 시작되어야 한다는 점을 다시금 깨우쳐주신 김영하 작가님의 말씀, 저희도 가슴 깊이 새겨두겠습니다.

멀리 스페인과 영국, 미국과 캐나다, 대만과 뉴질랜드에서 한국까지 날아와 새로운 시민운동의 경험과 지식을 열정적으로 공유해준 해외 동료들, 야고, 미겔, 크리스티니, 벤, 리처드, 해나, 콜린, 제임스, 시엘카오에게도 고마운 마음 전합니다. "각국의 상황과 당면한 문제는 다르지만 해법은 한 가지, 시민참여와 숙의민주주의뿐"이라던 그들의 말을 종종 떠올리곤 합니다. 그들과 나눈 소중한 대화를 '와글이 만난 몽상가들'이라는 제목으로 5회에 걸쳐 실어주신 『한겨레21』 안수찬 편집장님과 박수진 기자님께도 감사드립니다.

이 책을 펴내는 마지막 순간까지 추가로 업데이트할 내용들을 확인하고 반영하기 위해 최선을 다했습니다만, 여전히 미진한 부분이 많습니다. 사실확인이나 해석에 있어서 부족한 점이 있다면, 연구를 총괄한 제 책임입니다. 언제든 신랄하게 지적해주시기 바랍니다.

이제 다시 시작입니다. 더 나은 민주주의를 실천적으로 고민하는 많은 분들에게 새로운 성찰과 논쟁의 계기가 되기를 바라는 마음으로 이 책을 내놓습니다. 유쾌한 상상력과 도전적 실험으로,

죽은 정치를 우리 일상에서 되살리는 일에 참여할 수 있게 되어서 기쁩니다.

2016년 9월

와글을 대표해서 이진순 드림

주

서문. 민주주의를 민주화하기

1 Eric Liu, 'Why ordinary people need to understand power', TED, 2013.

2 프랑스의 철학자 미셸 푸코는 "권력이란 모든 사회적 관계에 내재immanent하며 모든 사회적 관계는, 가정이든 정부조직이든, 다른 사회적 기관이든 근본적으로 권력관계"라고 주장합니다. https://literariness.wordpress.com/2016/04/05/foucaults-concept-of-power/

3 헌법72조는 "대통령은 필요하다고 인정할 때에는 외교, 국방, 통일 기타 국가안위에 관한 중요 정책을 국민투표에 부칠 수 있다"고 규정합니다.

4 하승수 외, 『한국 직접·참여민주주의의 현재』, 민주화운동기념사업회, 2009, 14쪽.

5 에릭 류, 같은 강연.

6 Pia Mancini, 'How to upgrade democracy for the Internet era', TED, 2014.

7 캐나다의 정치인 토미 더글러스Tommy Douglas는, 1962년 의회연설에서 생쥐들의 대표로 고양이를 뽑는 생쥐나라의 비유를 통해 대의제의 모순을 꼬집었습니다. 그는 2004년 CBC가 실시한 조사에서 가장 위대한 캐나다인으로 선정되었습니다.

8 YTN, 「전 세계 상위 1%재산, 나머지 99%보다 많다」, 2016. 1. 18.

9 김낙년, 「한국의 부의 불평등 2000~2013: 상속세 자료에 의한 접근」, 2015. 10. 28.

10 박명림·김상봉, 『다음 국가를 말하다―공화국을 위한 열세 가지 질문』, 웅진지식하우스, 2011.

11 미국의 제4대 대통령. 사법, 입법, 행정의 삼권분립을 통해서 견제와 균형을 도모하는 민주주의 모델을 제시했는데, 이는 전 세계 민주주의제도와 담론에 영향을 끼쳤습니다.

12 박명림·김상봉, 같은 책, 43~45쪽.

1부. 우리는 게임의 룰을 바꾼다

1 미래학자 앨빈 토플러는 『제3의 물결』(원창엽 옮김, 홍신문화사, 1996), 『정치는 어떻게 이동하는가』(하이디 토플러 공저, 김원호 옮김, 청림출판, 2013) 등을 통해서 정보통신 기술혁명으로 정보공유와 평등하고도 개방적인 시민참여, 권력의 분산과 이동이 일어날 것이라고 주장했습니다.

2 Micah Sifry, *The Big disconnect—Why the Internet hasn't transformed politics (yet)*, O/R Books, 2014.

3 20대 총선을 앞두고 새정치연합은 2015년 12월 16일, 국민의당은 2016년 2월 22일 온라인 당원가입 시스템을 오픈했다.

1장. 그녀는 어떻게 시장이 되었나

1 "Which are the largest city economies in the world and how might this change by 2025?", *PricewaterhouseCoopers UK Economic Outlook*, 2009. 11.

2 "Meeting Point in the city of evictions", *El País*, 2014. 11. 13.

3 "The Mayor of Barcelona has taken on the banks before Spanish elections", *Independent*, 2015. 12. 18.

4 "A third of all empty homes in Europe are found in Spain", *The Times*, 2015. 6. 25.

5 "From Occupying Banks to City Hall: Meet Barcelona's New Mayor Ada Colau", *Democracy Now*, 2015. 6. 5.

6 "To dine or not to dine with bankers", Ada Colau's Blog, 2015. 4. 6.

7 "Barcelona fines banks 60,000 for empty homes", *The Guardians*, 2015. 9. 15.

8 Rosa Borge and Eduardo Santamarina, "From Protest to Political Parties", *Internet Interdisciplinary Institute*, Barcelona: Universitat Oberta de Catalunya, 2015.

9 Pau Faus, Sí Se Puede, ⟨Seven Days at PAH Barcelona⟩, 2014.

10 "Beyond Ada Colau: the common people of Barcelona en Comú", *Open Democracy*, 2015. 5. 27.

11 "Elecciones municipales de 2015 en Barcelona", Wikipedia.

12 "Equip de govern", Barcelona En Comú's Website.

13 "Séisme politique en Espagne", *Le Monde*, 2014. 5. 25.

14 https://crowdfunding.barcelonaencomu.cat/

15 "Barcelona en Comú presents programme for municipal elections", *Catalonia Today*, 2015. 4. 27.

16 "Estructura organitzativa Barcelona En Comú Fase D: posteleccions municipals", Barcelona En Comú's Website.

17 "Respuesta a la carta de la PAH", Ada Colau's Blog, 2016. 2. 12.

18 "Guanyem Barcelona", Guanyem Barcelona's Website.

19 "Elecciones municipales de España de 2015", Wikipedia.

2장. 정치인 급구, 경력자 사절

1 베페 그릴로 지음, 임지영 옮김, 『진실을 말하는 광대』, 호미하우스, 2012, 43쪽.

2 "Gli italiani e lo stato-rapporto 2014", *Gli italiani e lo stato-rapporto 2014*, 2014. 12. 29.

3 정해식, 「사회통합의 결정 요인: 통합 상태를 중심으로」, 『보건복지포럼』, 한국보건사회연구원, 2015. 3.

4 "Gli italiani e lo stato-rapporto 2014", 같은 자료.

5 "Beppe Grillo agitates against immigrants", *WSWS*, 2013. 5. 22.

6 "Italy's Five Star Movement wants to be taken seriously", *Financial Times*, 2015. 12. 29.

7 "Italy's 5-Star overtakes Renzi's Democrats in opinion polls", *Reuters*, 2016. 7. 6.

8 facebook.com/virginia.raggi.m5sroma, 2016.7.13.

3장. 시스템의 힘, 정당의 모든 것은 시민이 정한다

1　Podemos' Website, http://podemos.info/organizacion

2　"Objetivos de Podemos: reestructuración de la deuda y paralizacion de los desahucios", *Diario Publico*, 2014. 10. 19.

3　Rosa Borge, 'Notes from the research seminar', "From protest to political parties: online deliberation in the new parties arising in Spain", *Internet Interdisciplinary Institute of the Open University of Catalonia*, Barcelona, 2015. 7. 20.

4　"Three Things to Know About Spain's Upcoming Elections", *Time*, 2016. 6. 24.

4장. 시적 감수성, 파격의 정치

1　"Pirates top polls once again in Iceland", *iceland monitor*, 2016.6.14.

2　"Pirate party iceland polling at 43%, almost a majority", *Pirate Times*, 2016. 4. 6.

3　"Stefnumal", Piratar's Website.

4　"Iceland pirates get loot while progressive party suffers", *Pirate Times*, 2016. 5. 8.

5　같은 기사.

6　Birgitta Jónsdóttir, 'We, the people, are the system', TEDxReykjavik, 2015.

7　"Hacking Politics: An In−Depth Look At Iceland's Pirate Party", *Grapevine*, 2015. 11. 19.

8　"The main conclusions from the National Forum 2010", 2010. 7. 11.

9　"We have to help the system to collapse", WeAreChangeRotterdam, 2014. 12. 5.

10　같은 인터뷰.

11　Birgitta Jónsdóttir, 'We, the people, are the system', TEDxReykjavik, 2015.

12　Andrew Chadwick, "Digital Network Repertoires and Organizational Hybridity", *Political Communication* vol. 24(3), 2007.

2부. 디지털민주주의, 상상에서 현실로

1장. 언제 어디서나 누구나

1   Johann Tetzel, "Tetzel's One Hundred and Six Theses", Catholic Encyclopedia, 1517.

2   와글 자체 인터뷰, 2015. 12. 7. 서울 카우앤독 빌딩.

3   같은 인터뷰.

4   같은 인터뷰.

5   Pledge Me, https://www.pledgeme.co.nz/projects/166-loomio

6   "Loomio Scores $125K In CrowdHoster Campaign", *Crowdfund Insider*, 2014. 5. 2.

7   같은 기사.

8   "Can Social Software Change the World? Loomio Just Might", *Techpresidentr*, 2013. 2. 18.

9   Alanna Krause, "When Business met Occupy: Innovating for True Collaborative Decision-Making", Management Innovation eXchange, 2013. 12. 20.

10 Ben Knight, "Loomio at Personal Democracy Forum 2014", Loomio's Blog, 2014. 8. 26.

11 Ben Knight, "Moving beyond mobilization in Hungary", Loomio's Blog, 2014. 10. 30.

12 와글, 같은 인터뷰.

13 같은 인터뷰.

14 같은 인터뷰.

15 같은 인터뷰.

2장. 엄지로 톡톡! 열려라 정치

1 "Lunch with the FT: Sean Parker", *Financial Times*, 2011. 3. 11.

2 "The World's Billionaires", *Forbes*, 2016. 7. 21.

3 "Swipe Right For Democracy: Sean Parker's New Network Targets Social Change", *Forbes*, 2015. 9. 14.

4 "Sean Parker's Startup Buys Causes.com To Help Fix U.S. Politics", *Time*, 2014. 6. 11.

5 같은 기사.

6 "Sean Parker's Brigade App Enters Private Beta As A Dead-Simple Way Of Taking Political Positions", *Tech Crunch*, 2015. 6. 17.

7 "New Year, New Ways to Make Your Voice Heard", Brigade's Blog, 2016. 1. 18.

8 "A Conversation With DemocracyOS, The YC Non-Profit That Built A Latin American Political Party", *Tech Crunch*, 2015. 4. 17.

9 같은 기사.

10 "Why Y Combinator Funded a Radical Political Party in Argentina", *Fast Companyh*, 2015. 3. 12.

11 "DemocracyOS in the Buenos Aires City Legislature", DemocracyOS' Blog, 2014. 11. 8.

12 "DemocracyOS in Tunisia!", DemocracyOS' Blog, 2014. 2. 19.

13 "DemocracyOS Paris Climate 2015, what is it for?", http://climate.democracyos. eu/

14 피아 만시니, 같은 강연.

15 와글 자체 인터뷰, 2015. 12. 6. 제주 디아넥스 호텔.

3장. A부터 Z까지 원스톱 참여행정

1 "Madrid gasta 18 millones en un sistema informatico que lleva 10 anos en

pruebas", *Economia Digital*, 2015. 6. 9.

2 같은 기사.

3 같은 기사.

4 "Ahora Madrid denuncia que el PP contrato servicios duplicados de limpieza en Calle 30", *El Pais*, 2016. 4. 26.

5 "Spanish 'radical' protest—born party 15M challenges traditional politicians", *ABC*, 2015. 8. 25.

6 "Yes, We Can!", Foreign Correspondent, *ABC*, 2015. 8. 25.

7 와글 자체 인터뷰, 2015. 12. 7.

8 같은 인터뷰.

9 같은 인터뷰.

10 "More Information", Decide Madrid's Website.

5장. 당신도 국회의원

1 'D—CENT Specific Targeted Research Project; Collective Awareness Platforms', "D1.2 Communities' Requirements and Social Design", *D-CENT*, 2014. 4.

2 "Views About Internet Turn Negative", *The New York Times*, 2015. 9. 15.

3 "United Nations Declares Internet Access a Basic Human Right", *The Atlantic*, 2011. 6. 3.

4 "Estonian Internet voting system", Estonian Government's Website.

5 "Estonia takes the plunge", *The Economist*, 2014. 6. 28.

6 "People's Assembly in Estonia—crowdsourcing solutions for problems in political legitimacy", Praxis Centre for Policy Research, 2013.

7 "RAHVAKOGU or 'People's Assembly': Open Government in Estonia", European Commission ISA Joinup's Website, 2015. 8. 4.

더 알아보기

1. 아다 콜라우 www.adacolau.cat

아다 콜라우가 후보 시절부터 운영하기 시작한 공식 웹사이트로, 아다 콜라우 소개와 언론 보도, 콜라우가 직접 작성한 블로그 게시물을 볼 수 있다. '은행가와의 미팅', PAH의 질의서신에 대한 답변 등이 포함되어 있다. 이를 통해 정치인 아다 콜라우의 신념윤리와 그것을 실천하려는 책임윤리를 엿볼 수 있다.

2. 바르셀로나 엔 코무 www.barcelonaencomu.cat

바르셀로나 집권정당인 엔 코무의 홈페이지에는 엔 코무에 관한 소개는 물론, 현재 추진중인 시 정책과 당내 예산집행 정보를 제공한다. 텔레그램 가입신청과 뉴스구독뿐 아니라, 지역별 엔 코무 그룹에도 손쉽게 가입할 수 있다.

3. 솜코문스 twitter.com/somcomuns

바르셀로나 엔 코무의 사이버활동가 모임으로, 바르셀로나 엔 코무의 전신인 '승리 바르셀로나 Guanyem Barcelona'가 결성된 2014년부터 활동을 시작했다. 이 그룹에 소속된 활동가들은 트위터와 페이스북으로 바르셀로나 엔 코무를 지지하는 선거캠페인을 벌였다.

4. MLGB(바르셀로나의 그래픽 해방을 위한 운동) facebook.com/mlgbarcelona

지역 예술가와 디자이너들이 모여 만든 페이스북 페이지로, 기성 정치권에 대한 풍자와 정치적 상상력을 북돋는 시각자료를 지속적으로 게시한다. 지방선거 당시에는 새로운 정치세력인 바르셀로나 엔 코무를 지원하는 활동을 벌였다.

5. 베페 그릴로 www.beppegrillo.it

베페 그릴로의 공식 블로그로, 직설적 유머와 신랄한 정치풍자를 가득 담은 글들이 실려 있다. 폭발적 인기에 힘입어 2008년 가디언이 집계한 '세계에서 가장 영향력 있는 블로그' 9위에 선정되기도 했다. 오성운동은 따로 본부를 두지 않고 이 블로그에서 후보 신청, 선거 유세, 토론 등 모든 의사결정을 한다.

6. 오성운동 facebook.com/movimentocinquestelle

오성운동의 페이스북 페이지로, 2016년 7월 기준으로 79만 명이 구독하고 있다. 오프라인 이벤트를 공지하거나, 활동 소식을 담은 사진 및 동영상을 공유한다.

7. 파블로 이글레시아스

블로그 www.pabloiglesias.org

포데모스를 창당하고 서른일곱 살의 젊은 나이로 당 대표를 맡은 파블로 이글레시아스의 개인 블로그다. 포데모스와 관련된 그의 정치적 가치관과 소신뿐만 아니라 독특한 인생사 등을 엿볼 수 있다.

트위터 twitter.com/pablo_iglesias_

파블로 이글레시아스의 트위터로, 정치뉴스 및 포데모스 활동 내용을 적극적으로 공유하고 있다.

8. 포데모스 www.asonrisadeunpais.es

일자리, 교육, 부패, 에너지 문제 등 포데모스 정책 과제 및 목표의 자세한 내용을 볼 수 있다. 당원 가입을 하거나 후원을 할 수 있다.

9. 라보데모 www.labodemo.net

'민주적 연구소Democratic Laboratory'라는 뜻을 가진 라보데모는 온라인 정치참여 프로세스를 구현하는 새로운 도구를 개발하고 민주주의 관련 기관이나 단체에 디지털 전략 컨설팅을 지원한다.

10. 아이슬란드 해적당 www.x.piratar.is

직접민주주의와 표현의 자유를 지향하는 아이슬란드 해적당 홈페이지에서는 당원 가입, 후원 및 해적당의 최신 소식을 제공하고 있다. 당원이라면 이곳에서 정책 제안과 토론을 할 수 있다.

11. 루미오 www.loomio.org

2011년도에 뉴질랜드의 웰링턴 점령시위를 계기로 만들어진 루미오는, 전 세계 7만 5000여 명이 넘는 사람들이 사용하는 온라인 의사결정 도구다. 직관적인 인터페이스와 편리한 사용법, 웹 기반의 높은 접근성이 특징이다. 루미오 홈페이지에서는 루미오 활용 가이드와 루미오를 직접 적용한 다양한 사례를 소개하고 있다.

12. 브리게이드미디어 www.brigade.com

페이스북의 공동설립자인 션 파커가 거액의 투자를 통해 설립한 정치 전문 소셜미디어서비스로, 2015년 6월 론칭했다. 다양한 이슈에 대한 의견 표시와 선거캠페인 참여가 가능하며, 각종 커뮤니티와 그룹 조직을 할 수 있다.

13. 폴리스 www.pol.is

미국 시애틀 출신의 젊은 개발자 콜린 메길이 D3라는 데이터 시각화 기술을 활용하여 제작한 응답기반 피드백 시스템이다. 제시된 답변에 비슷한 응답을 한 사람들을 2차원 지도상에 그룹 형태로 표시하는 기능을 통해, 특정 이슈에 대한 여론이 어떻게 형성되는지 즉각적으로 시각화하는 것이 특징이다.

14. 디사이드 마드리드 www.decide.madrid.es

풀뿌리 시민정당 '아오라 마드리드'의 온라인 시민발의 웹사이트다. 스페인 시민이라면 누구나 이곳에서 정책발의를 할 수 있고, 일정한 지지를 받은 제안은 실제 정책으로 입안된다.

15. 거브제로 www.g0v.tw

대만의 정보공개포털로 각종 청문회 자료, 입법 일정, 법안 등의 정부데이터를 시민들이 쉽게 이해할 수 있도록 가공·아카이빙한다. 또한 정치인 후원금 내역을 크라우드소싱으로 수집해 모두가 확인할 수 있게 공개한다.

16. 오픈노스 www.opennorth.ca

캐나다의 비영리 스타트업으로 공공데이터 서비스를 제공한다. 지역과 전국 단위로 시빅 테크 툴civic tech tool과, 공공데이터 솔루션을 제공하여 시민들이 의회에서 벌어지는 일을 파악할 수 있도록 돕는다.

17. 오픈미니스트리 www.openministry.info

핀란드 국민발의제도를 온라인에서 구현한 사이트다. 이곳에서 시민들은 직접 법안을 제안하고 토론할 수 있을 뿐만 아니라 지지 서명을 통해 의회에 법률 형태로 제출할 수 있다. 정부 공식사이트인 칸살라이스 알로이테의 개발에 영향을 미쳤다.

18. 라흐바코구 www.rahvakogu.ee

라흐바코구Rahvakogu는 우리말로 '민회'에 해당한다. 2013년 에스토니아 대통령에 의해 공식적으로 설립되었으며, 시민들이 선거법 개정에 참여할 수 있도록 한 기구이다.

들도 보도 못한 정치
ⓒ 이진순 외 2016

1판 1쇄 2016년 9월 5일
1판 4쇄 2017년 8월 4일

지은이 이진순 외
펴낸이 염현숙
기획 김소영 박영신 | 책임편집 황은주 | 편집 이경록
디자인 이효진 | 마케팅 이연실 김도윤
홍보 김희숙 김상만 이천희
제작 강신은 김동욱 임현식 | 제작처 한영문화사

펴낸곳 (주)문학동네
출판등록 1993년 10월 22일 제406-2003-000045호
주소 10881 경기도 파주시 회동길 210
전자우편 editor@munhak.com | 대표전화 031) 955-8888 | 팩스 031) 955-8855
문의전화 031) 955-1933(마케팅) 031) 955-3561(편집)
문학동네카페 http://cafe.naver.com/mhdn | 트위터 @munhakdongne

ISBN 978-89-546-4220-0 03300

* 이 책의 판권은 지은이와 문학동네에 있습니다.
  이 책 내용의 전부 또는 일부를 재사용하려면 반드시 양측의 서면 동의를 받아야 합니다.
* 이 도서의 국립중앙도서관 출판예정도서목록(CIP)은 서지정보유통지원시스템 홈페이지
  (http://seoji.nl.go.kr)와 국가자료공동목록시스템(http://www.nl.go.kr/kolisnet)에서 이용하실 수 있습니다.
  (CIP제어번호: CIP2016020154)

www.munhak.com